ISBN

9781690794653

Alle Rechte vorbehalten

Copyright

für die Werke von Alessandro Chiodo:

© VG Bild-Kunst, Bonn, 2019

Alessandro Chiodo: NEUE ARBEITEN AUF PAPIER 2019

Umschlagbild und Logo „pondera verborum"

von Alessandro Chiodo

Mehr über den Autor erfahren Sie hier:

alessandro-chiodo.de

ALESSANDRO CHIODO

NEUE ARBEITEN AUF PAPIER

2019

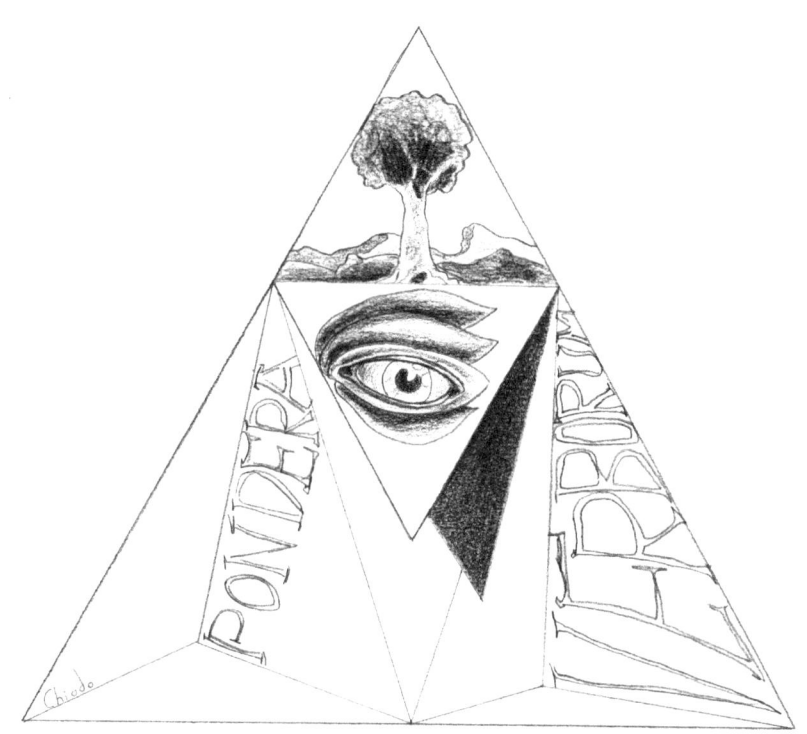

pondera verborum

A. D. MMXIX

NEUE ARBEITEN AUF PAPIER
2019

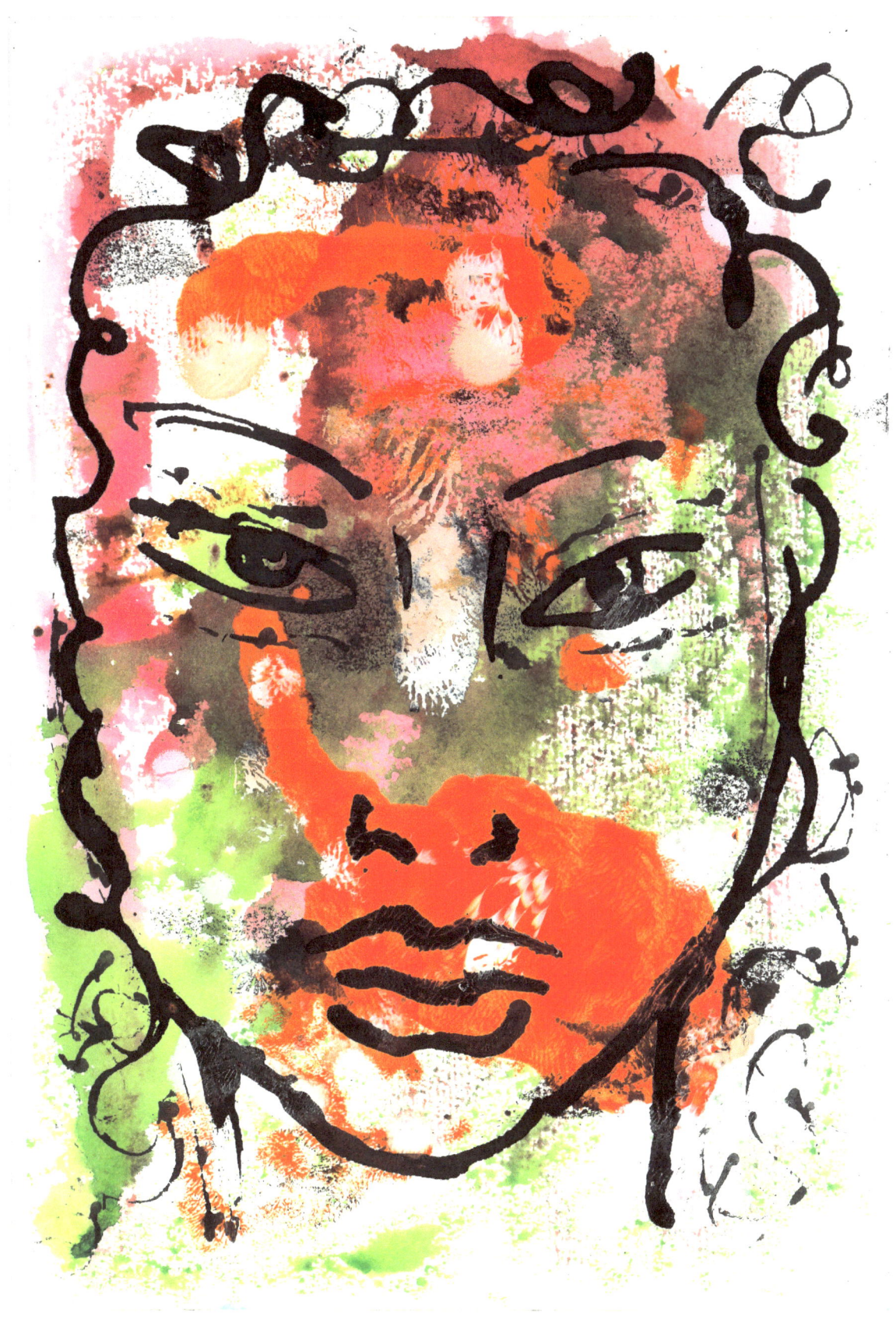

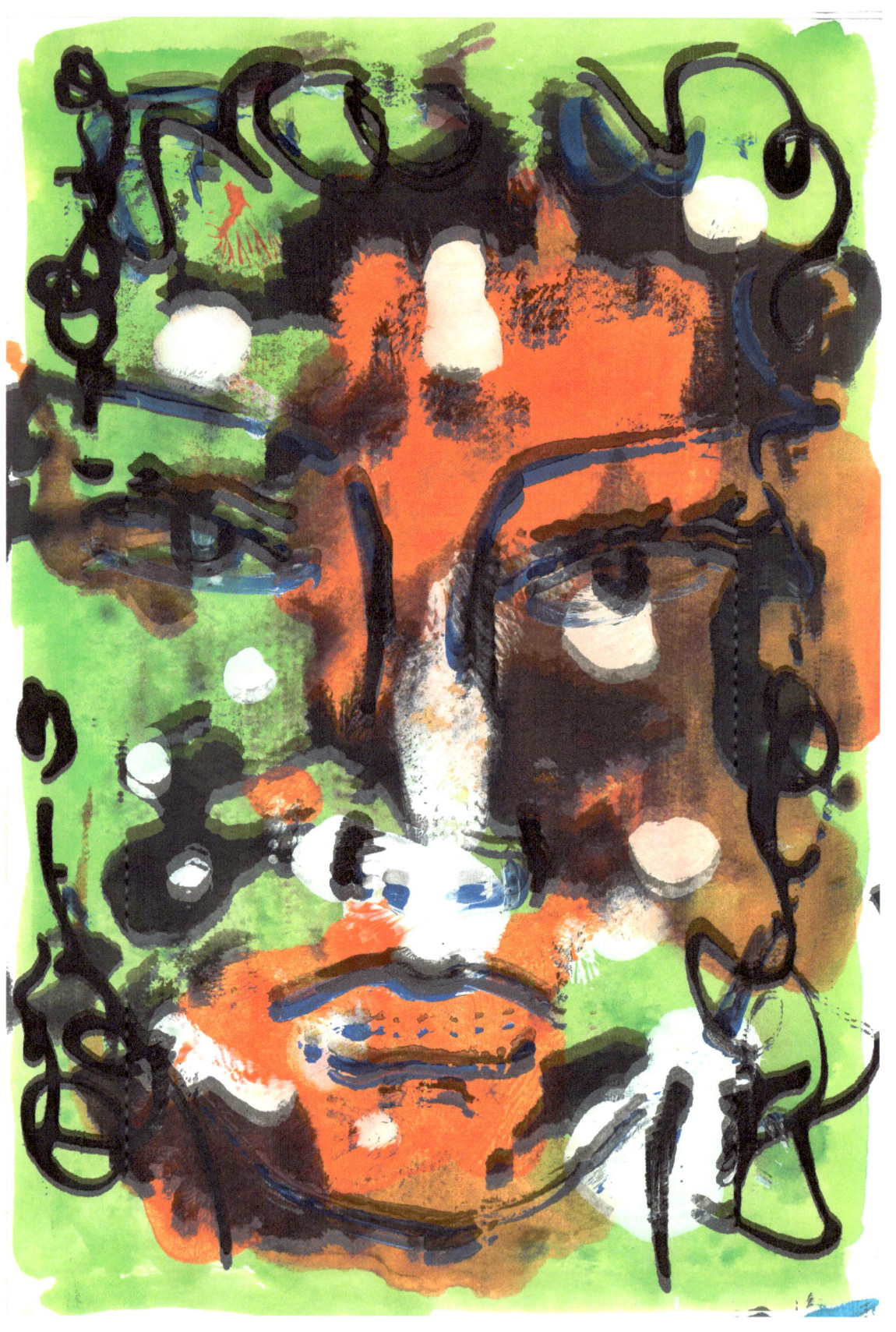

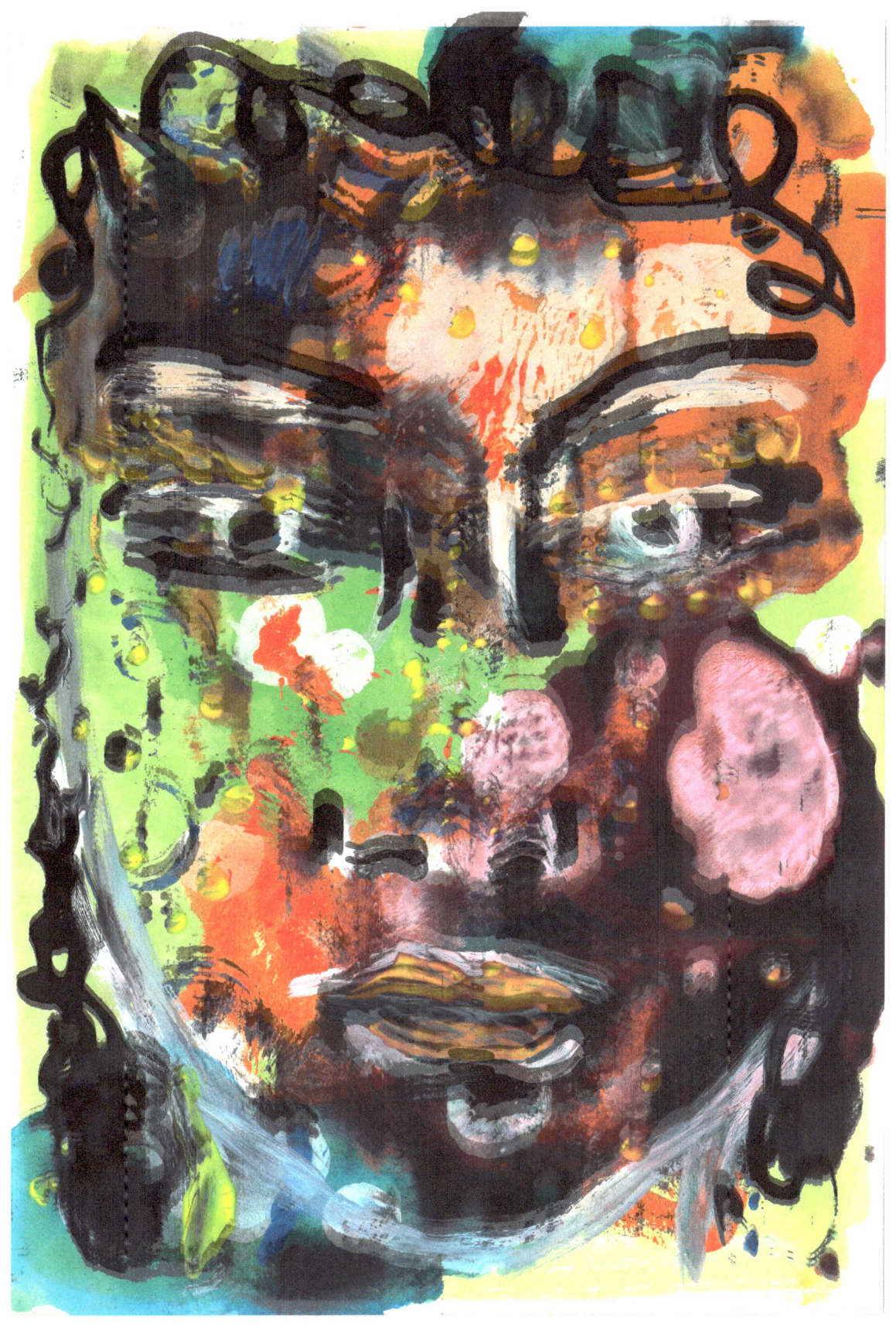

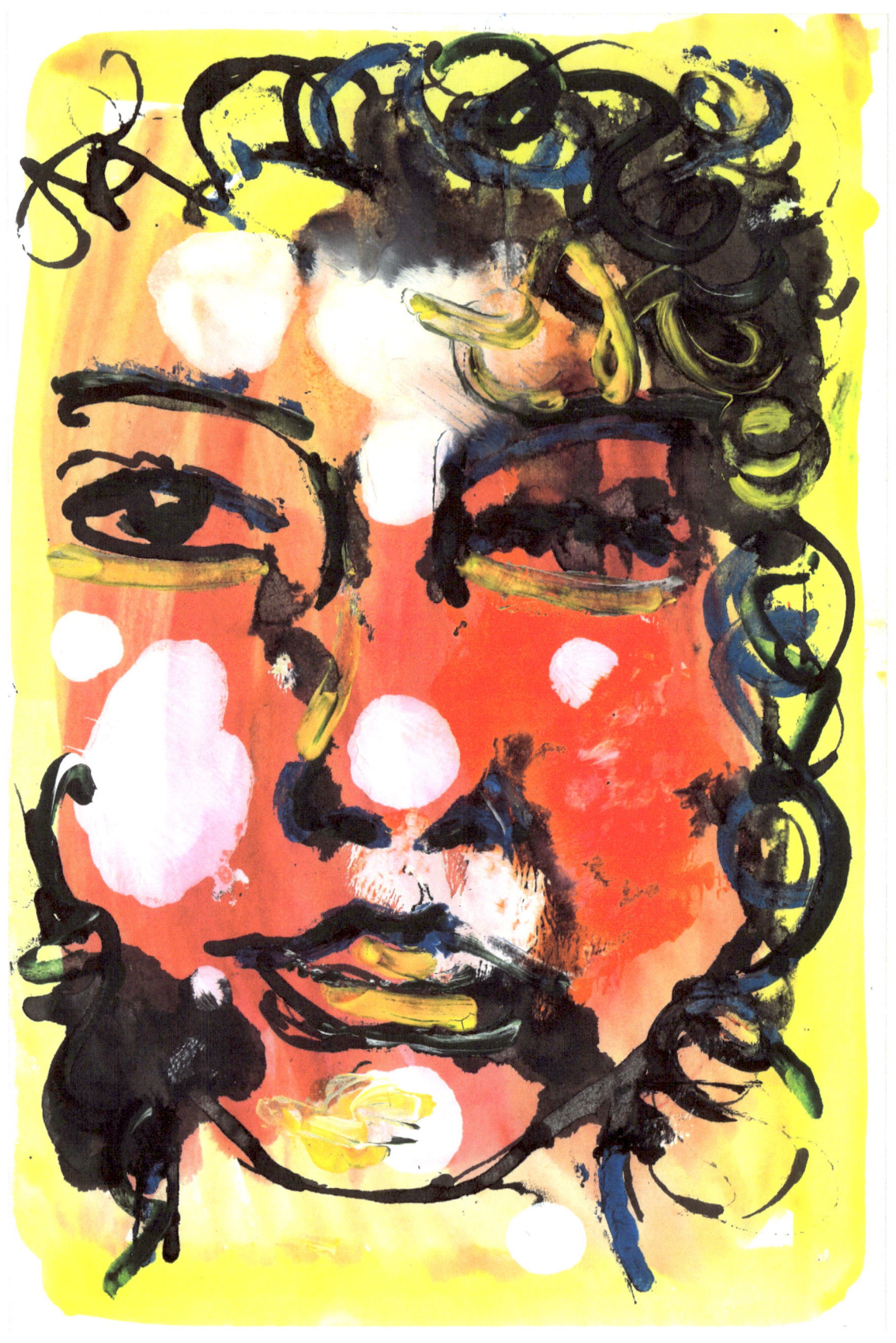

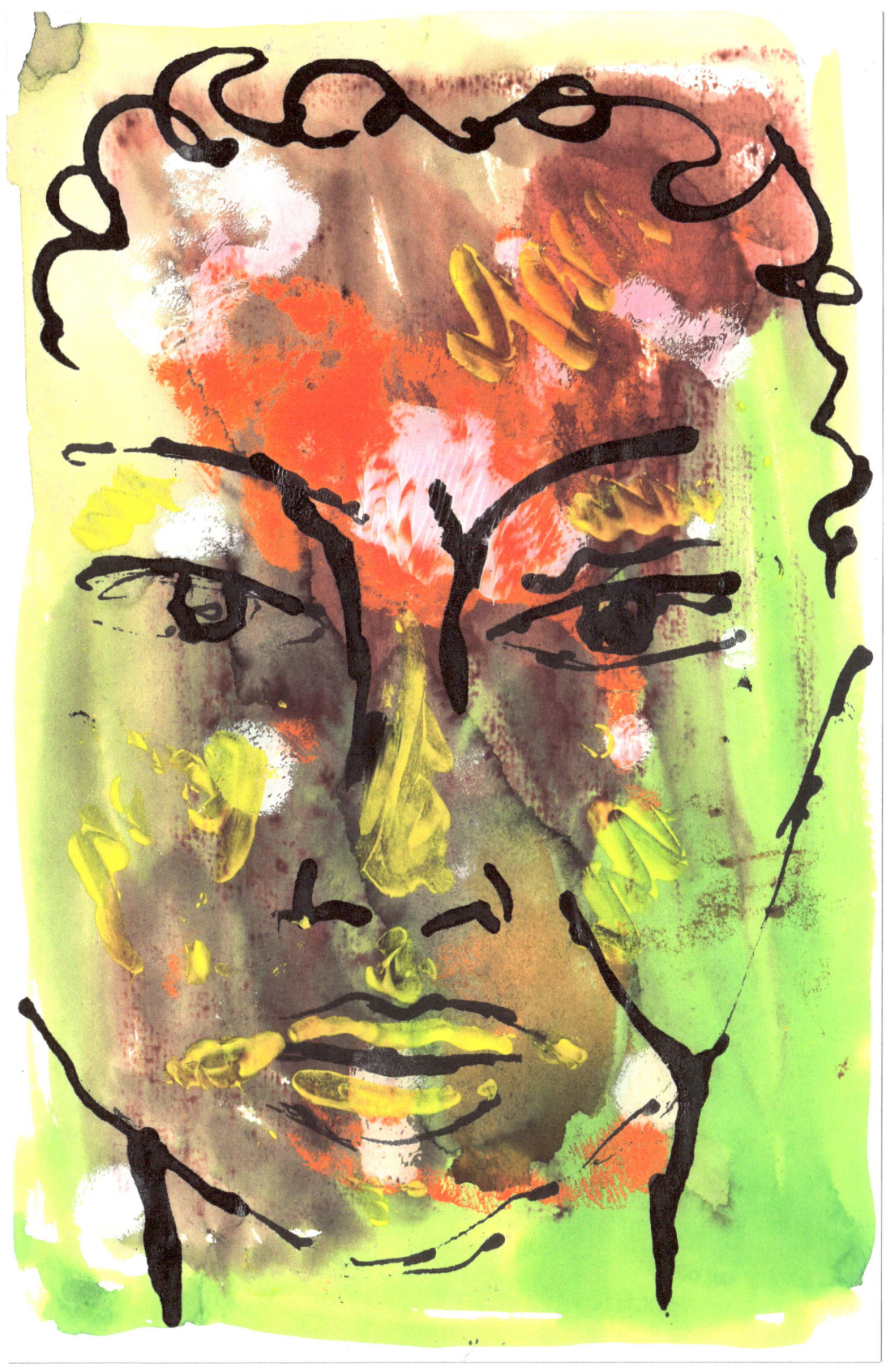

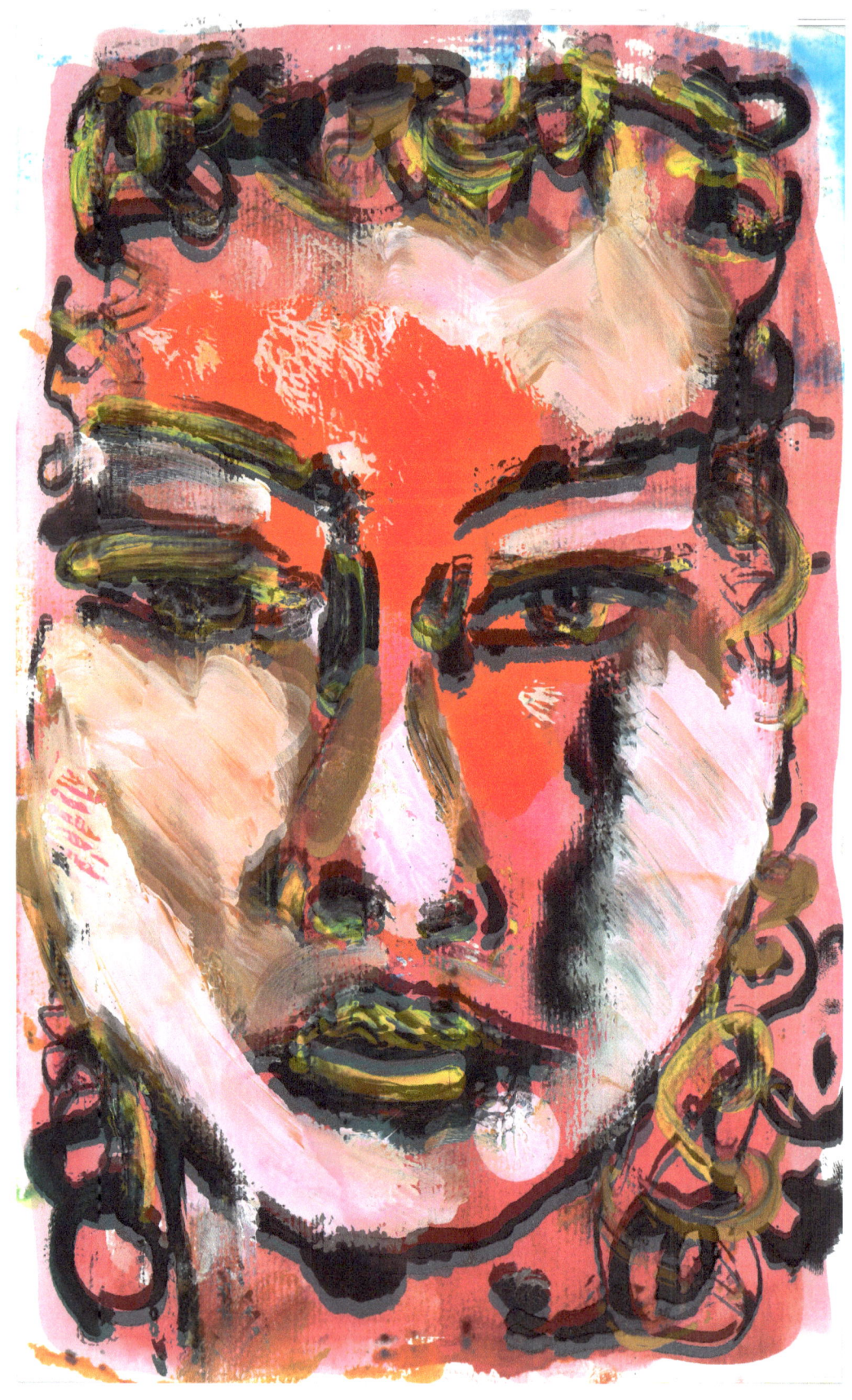

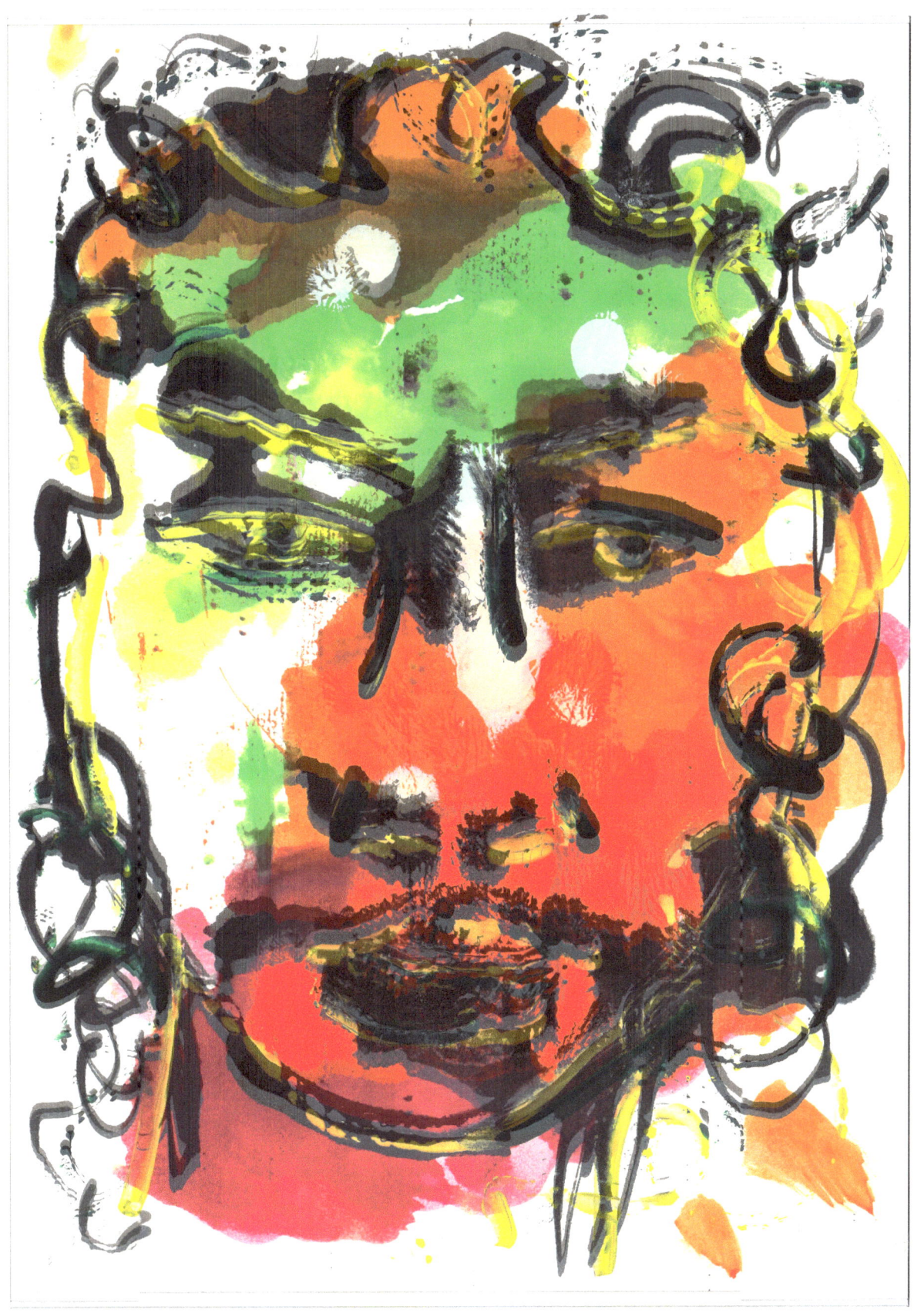

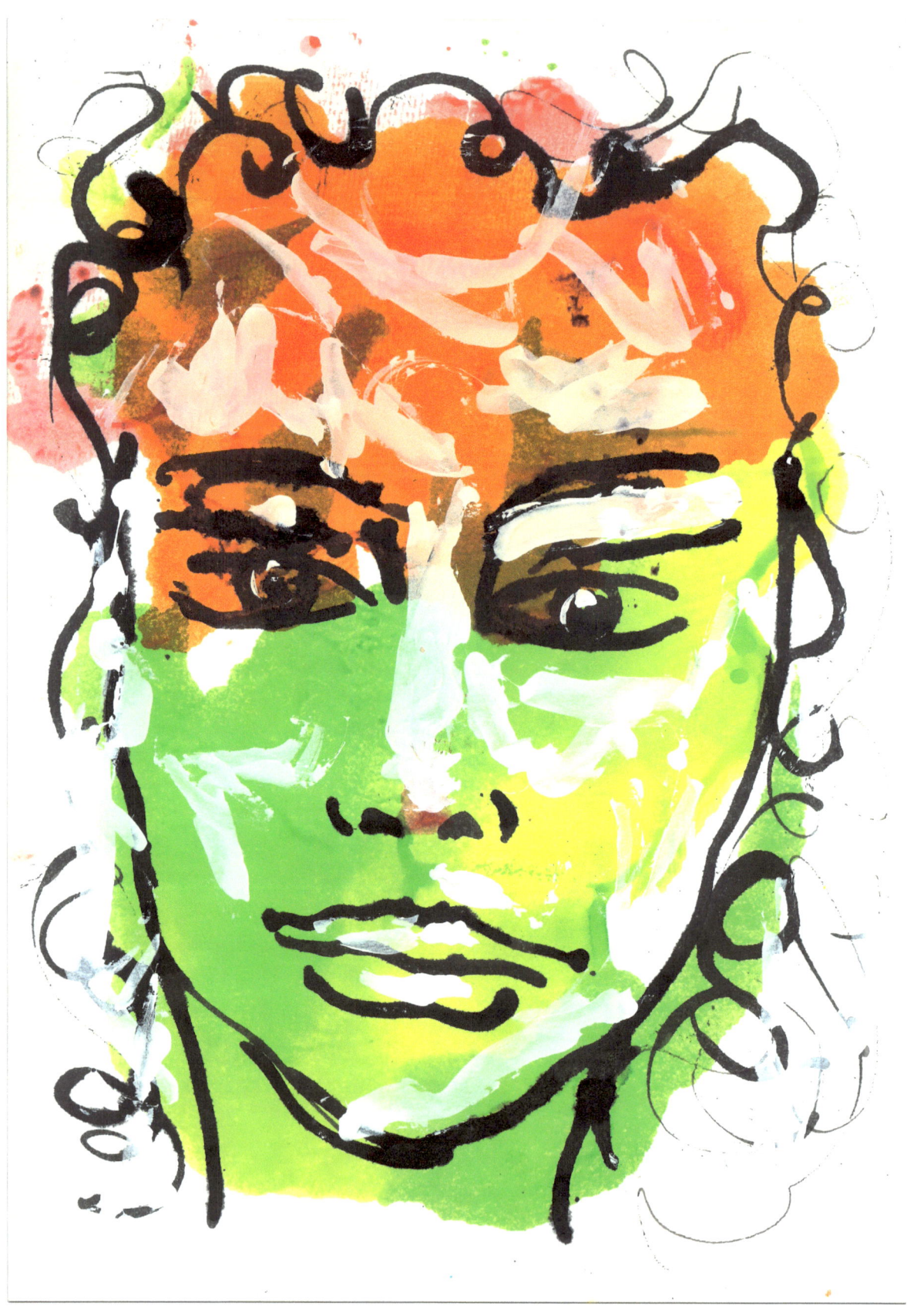

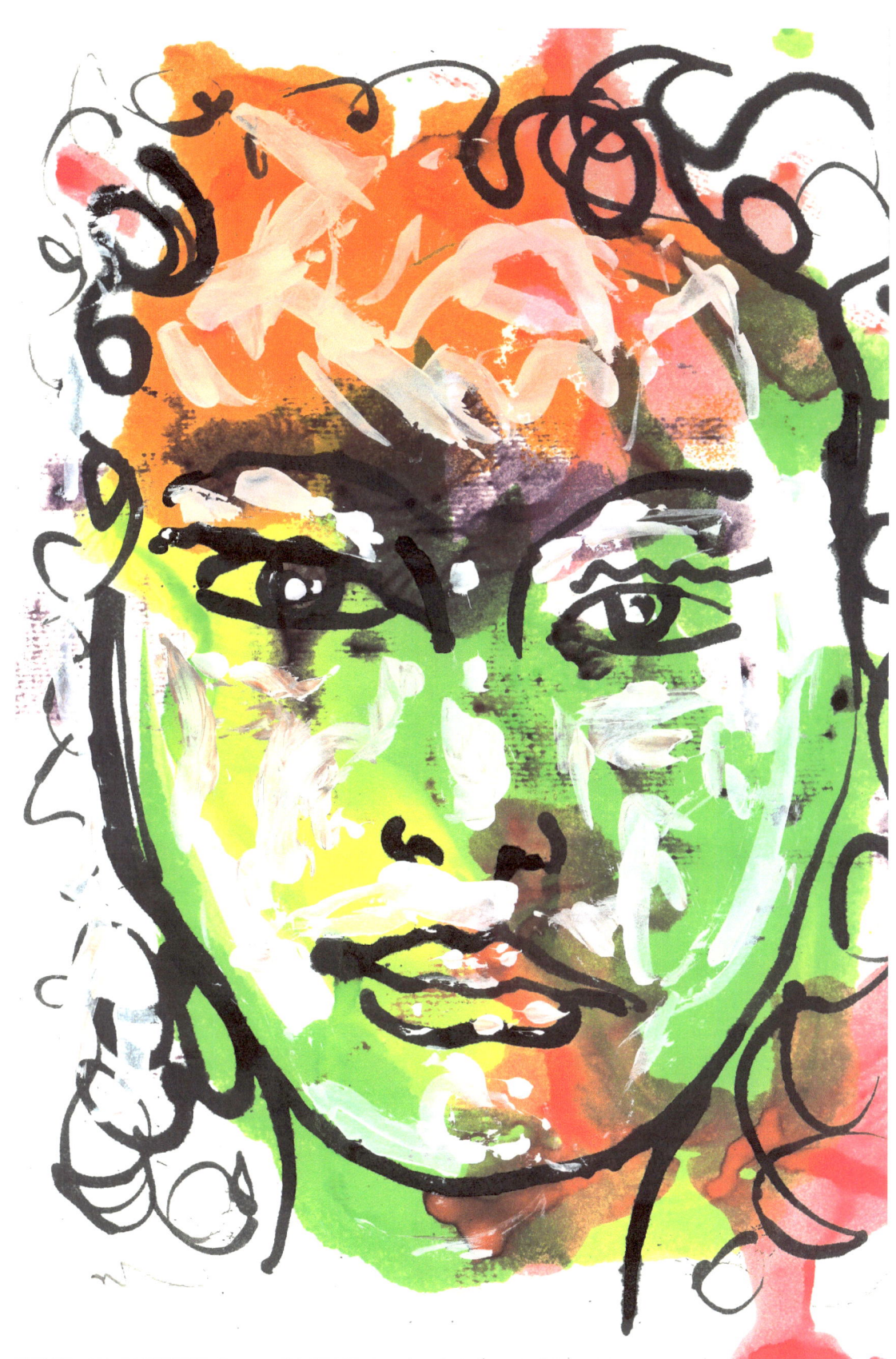

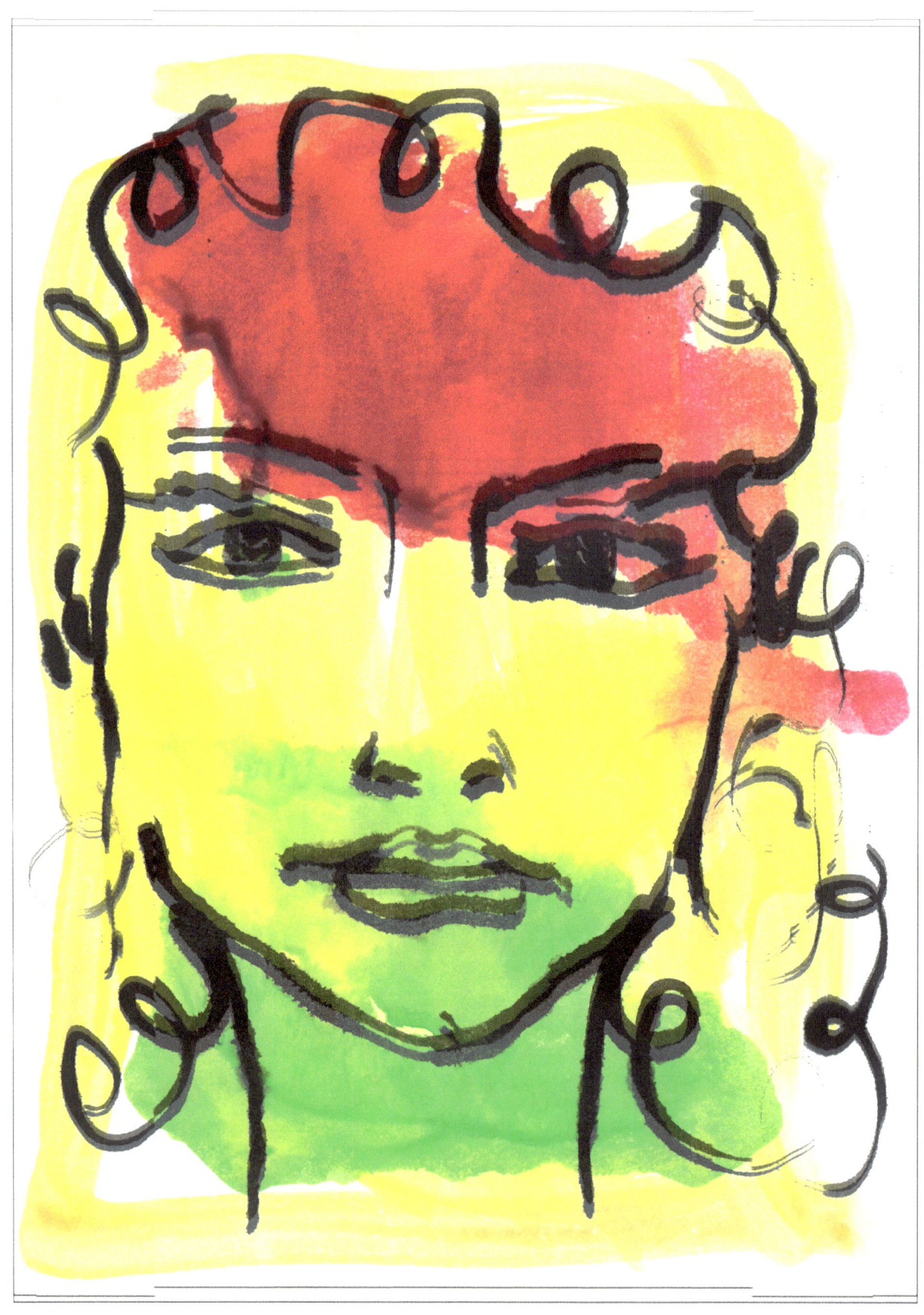

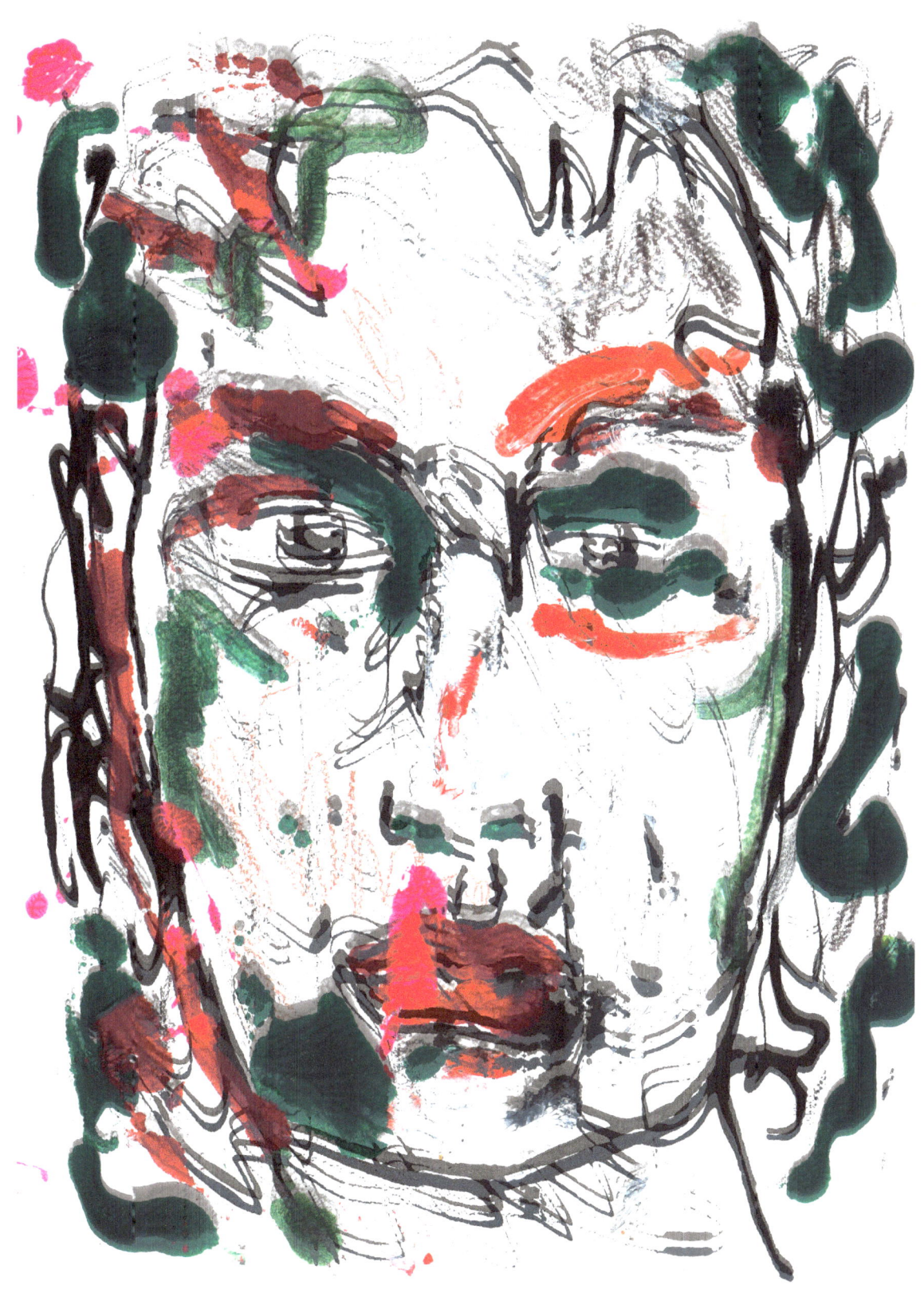

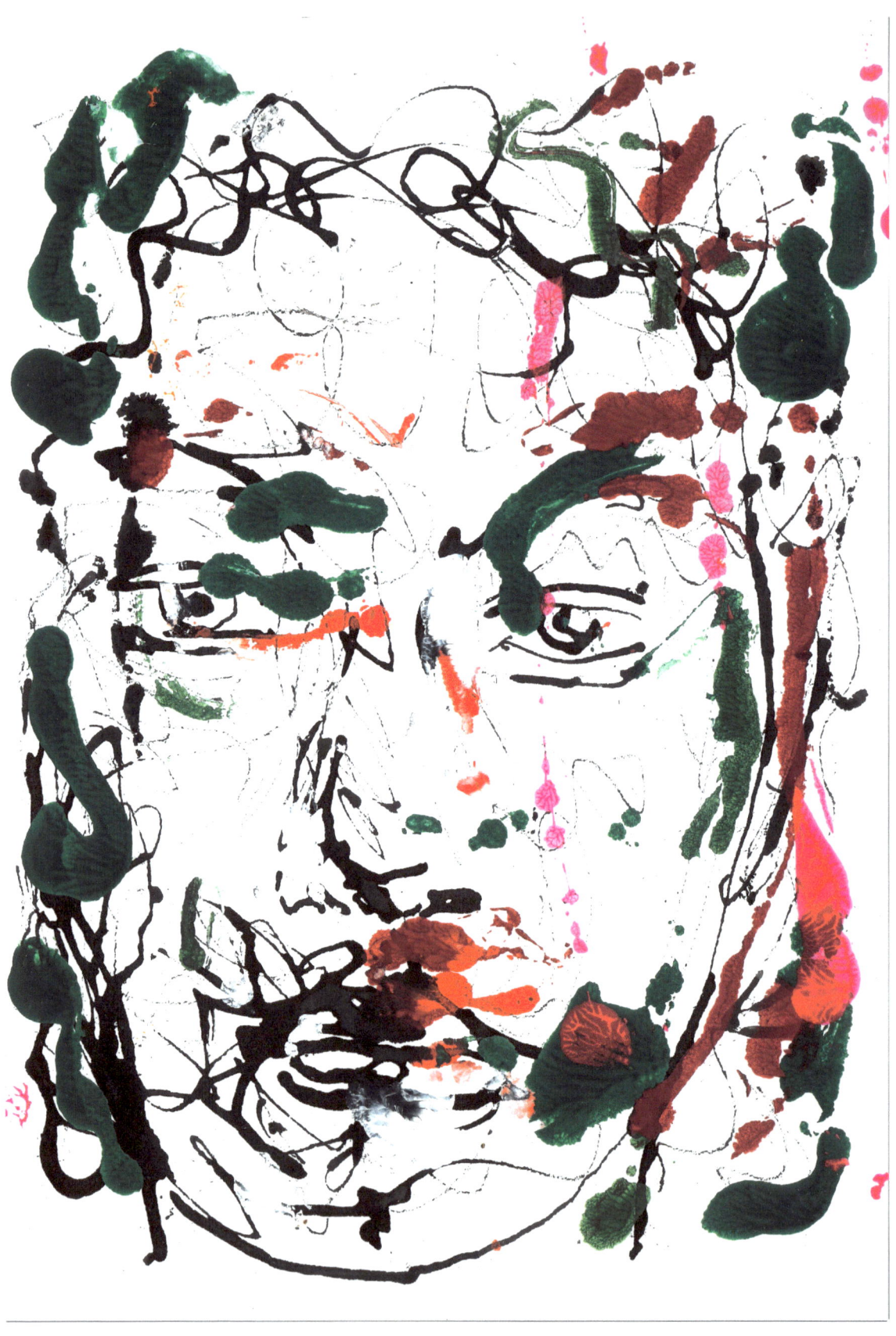

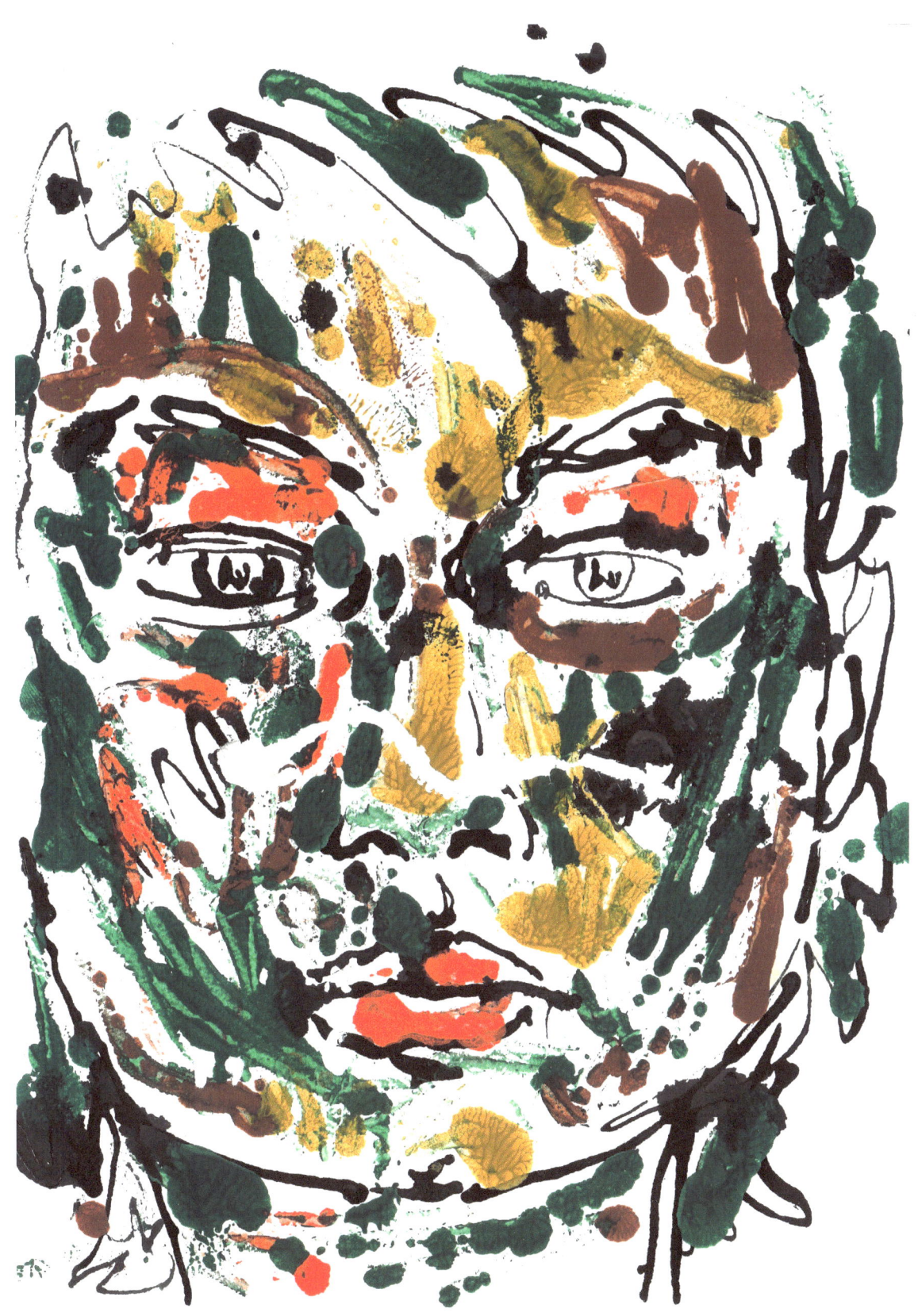

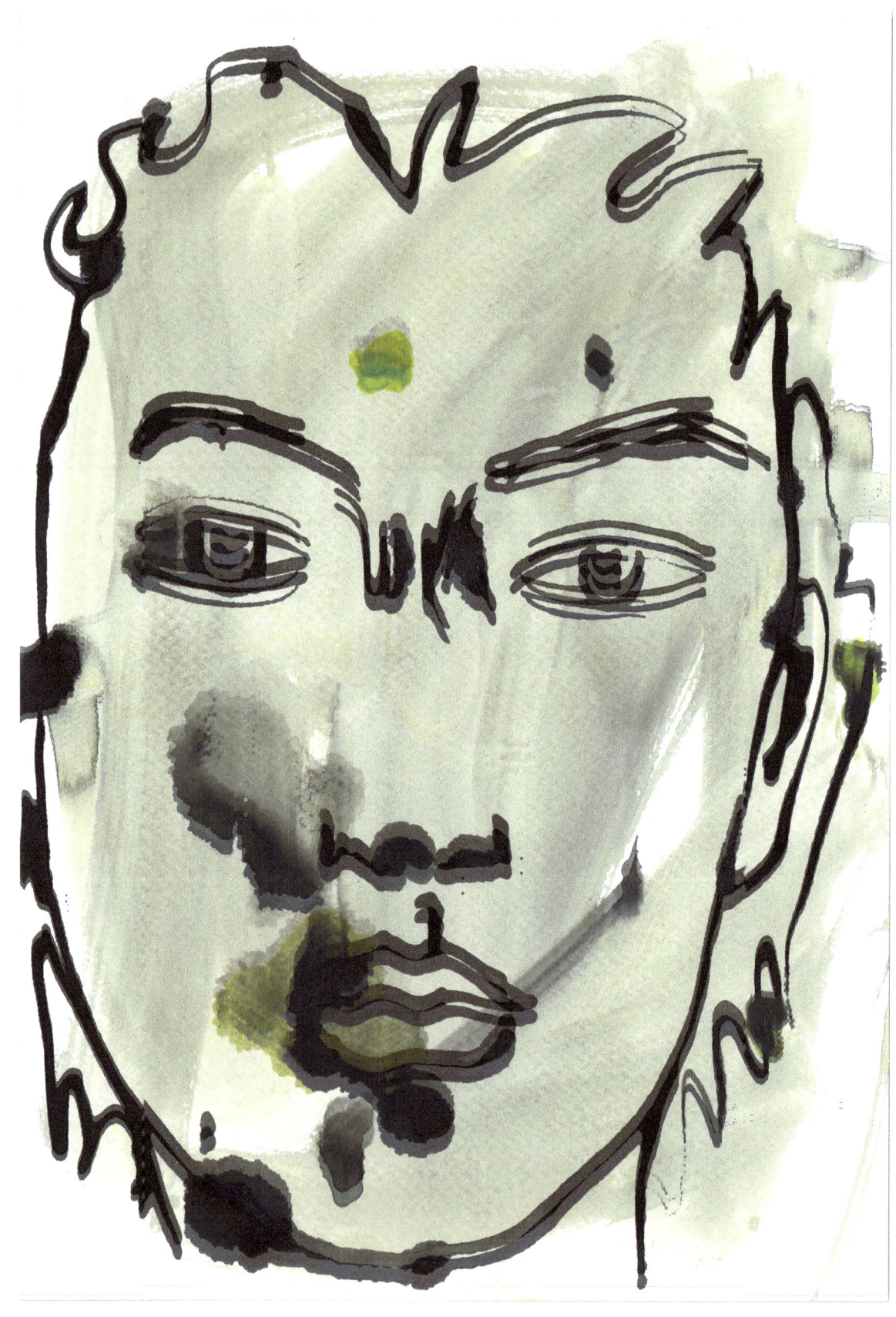

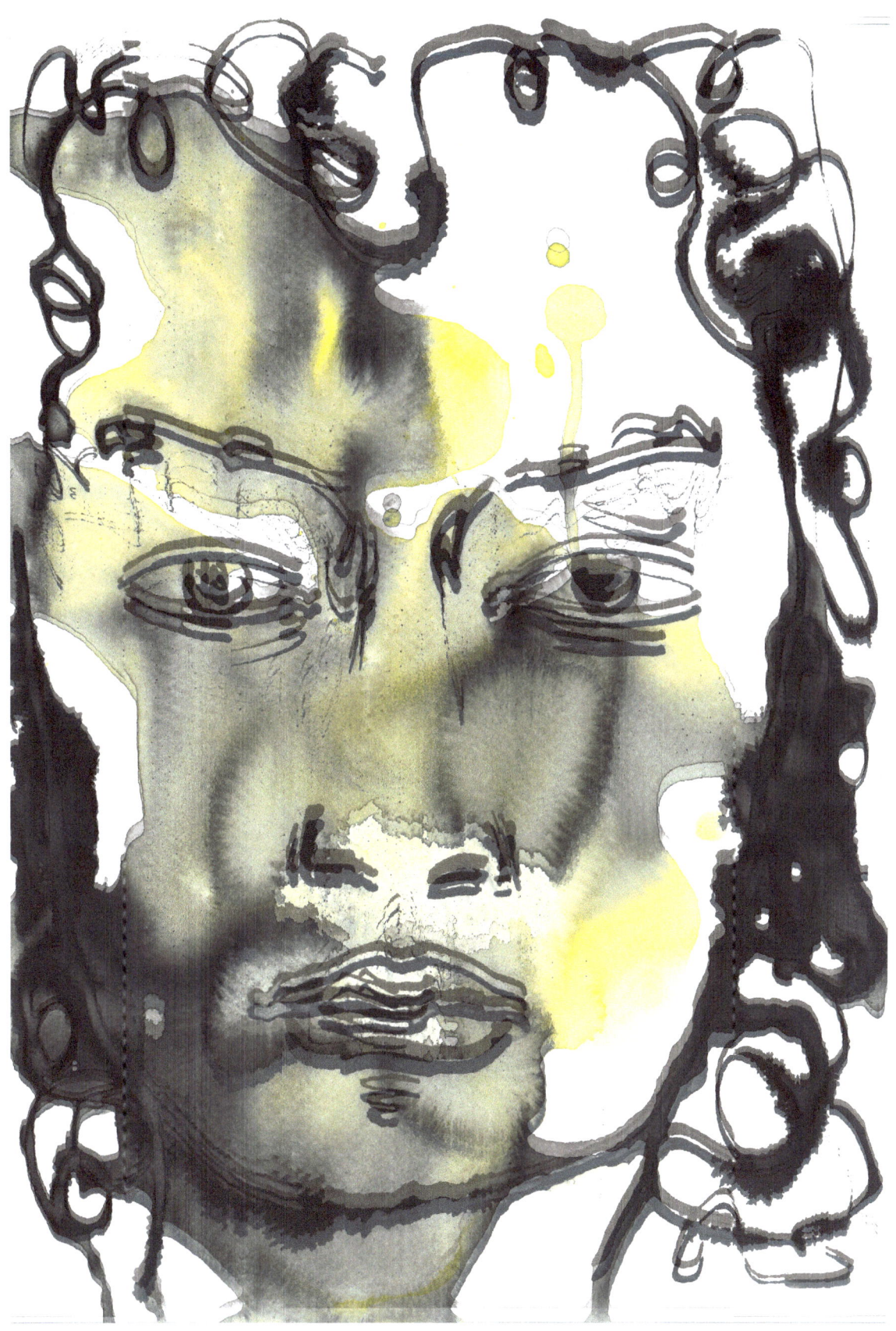

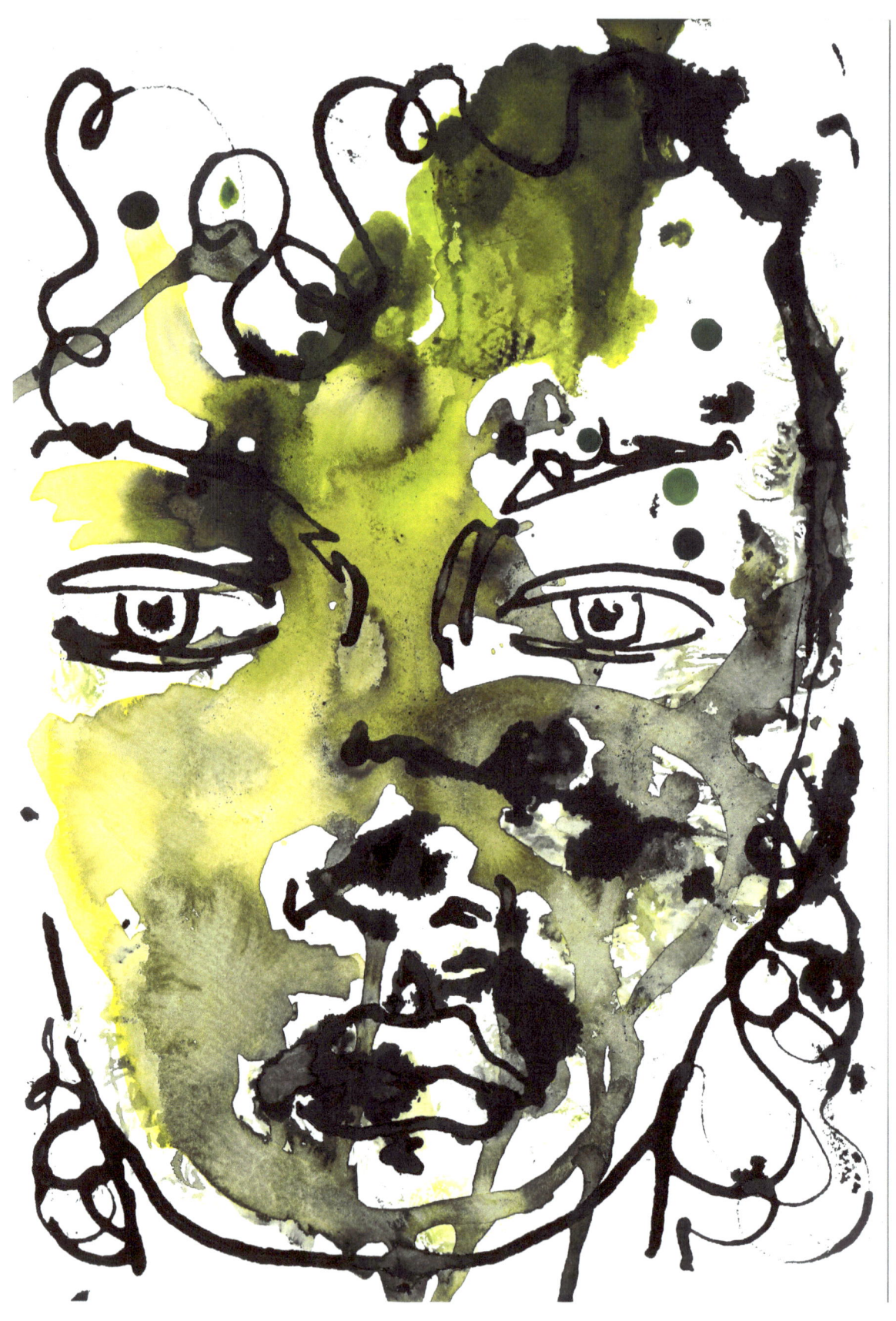

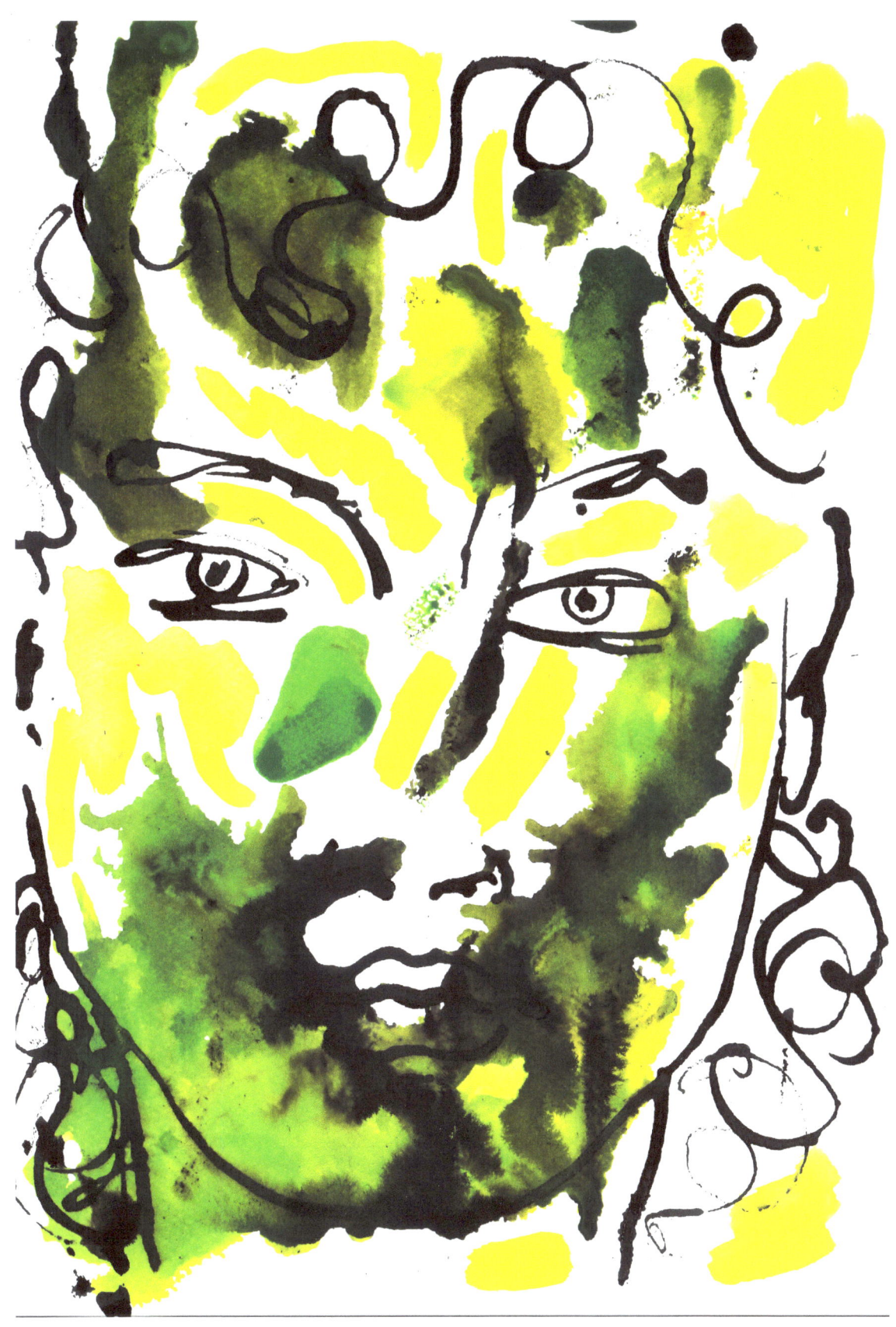

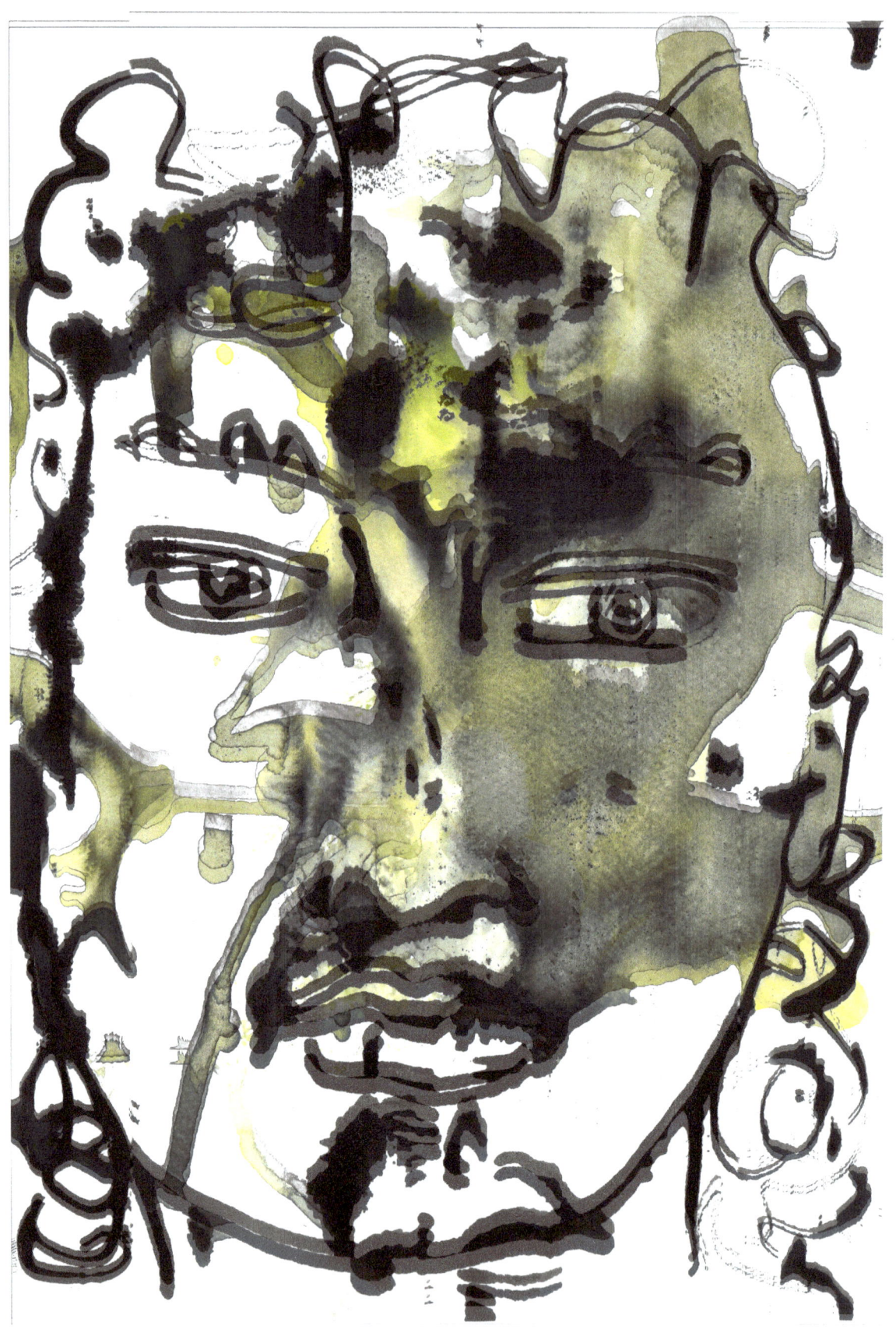

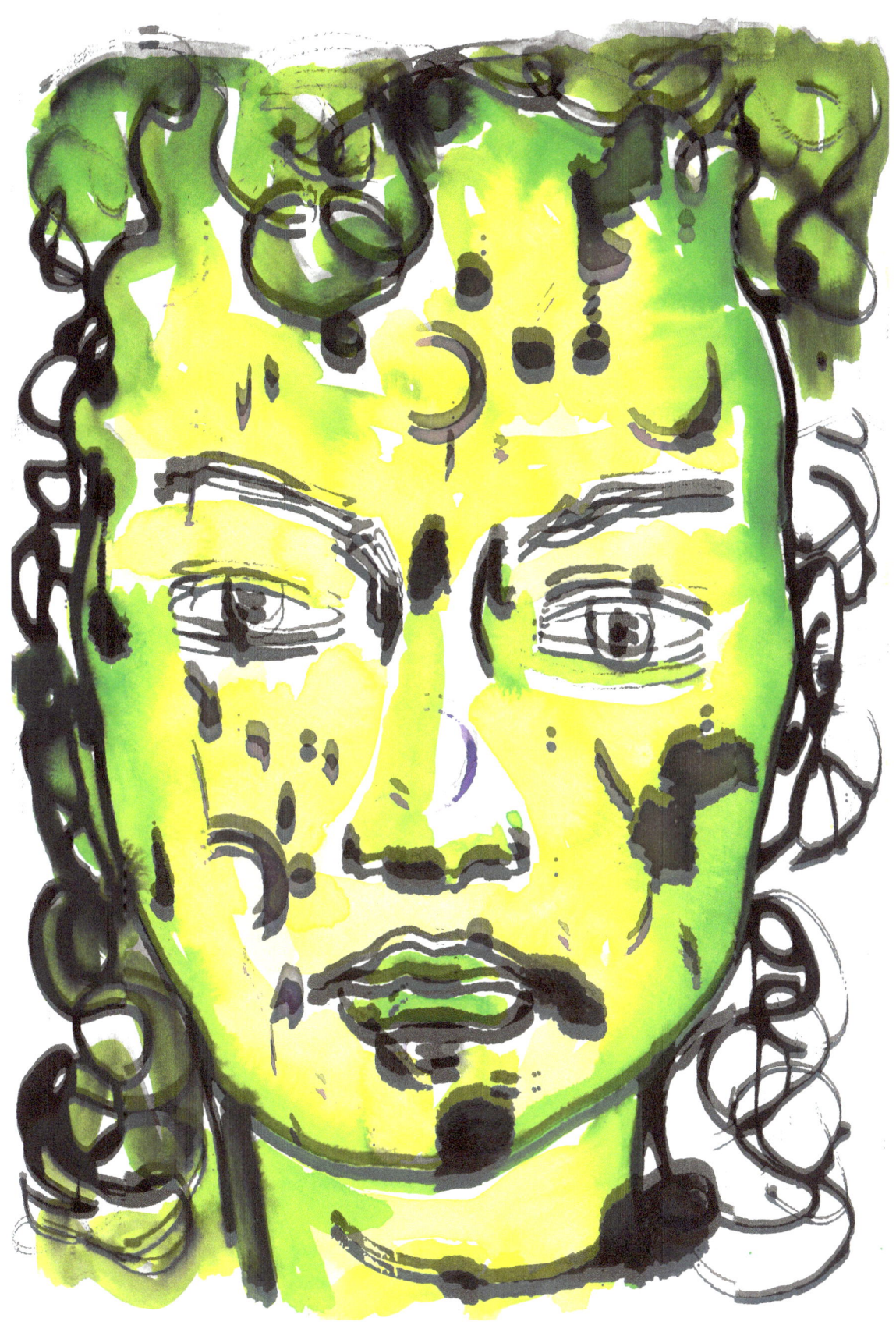

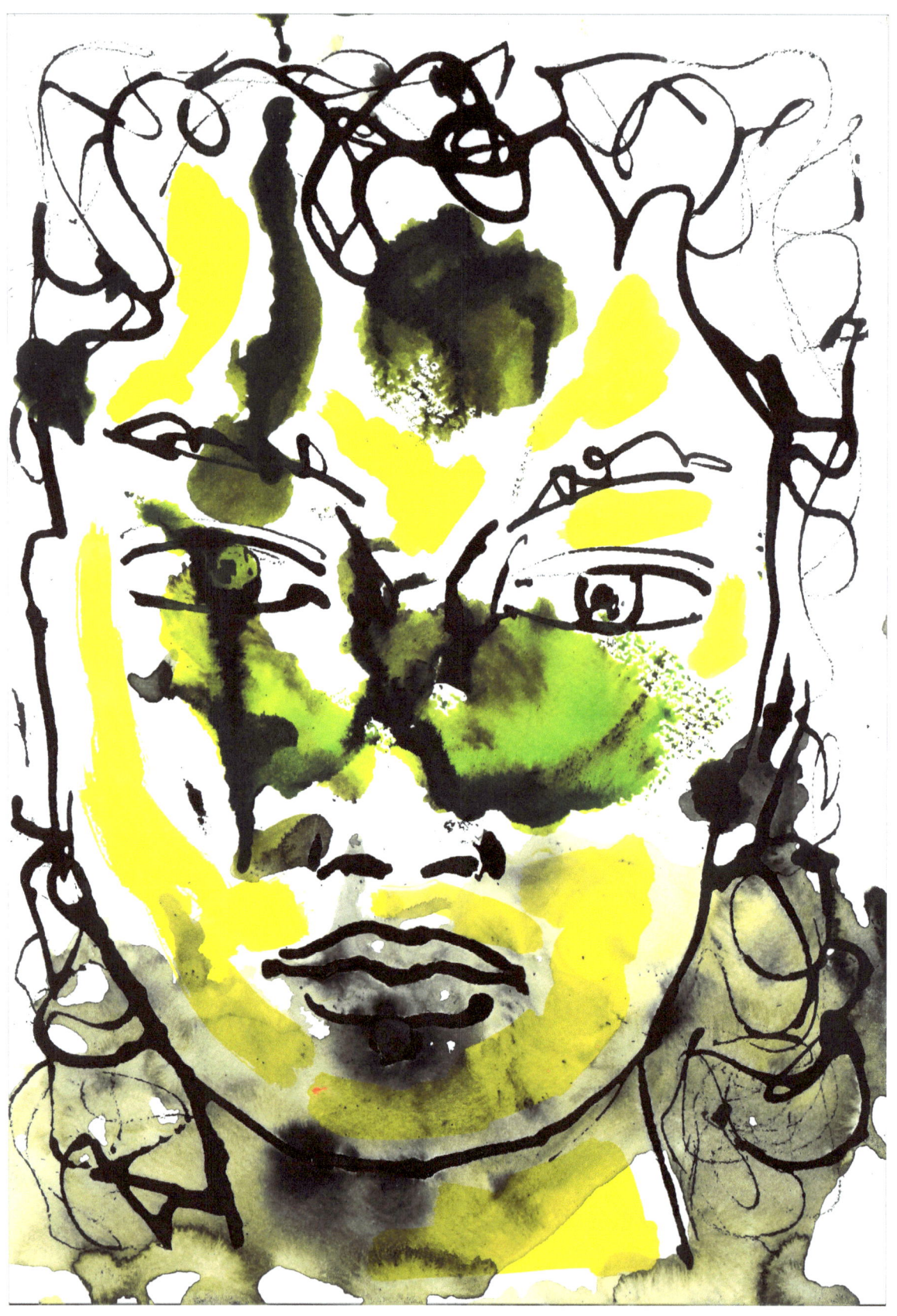

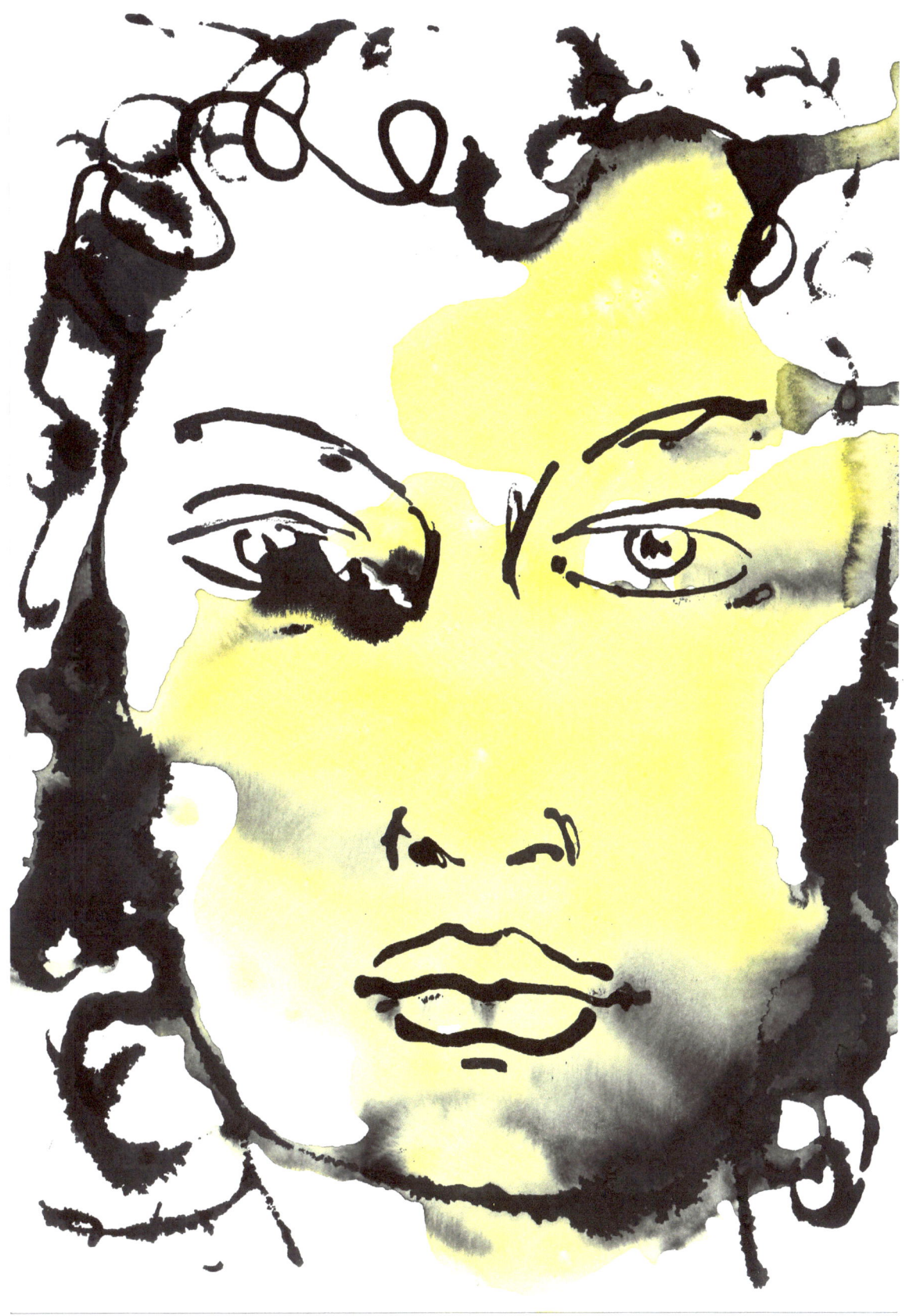

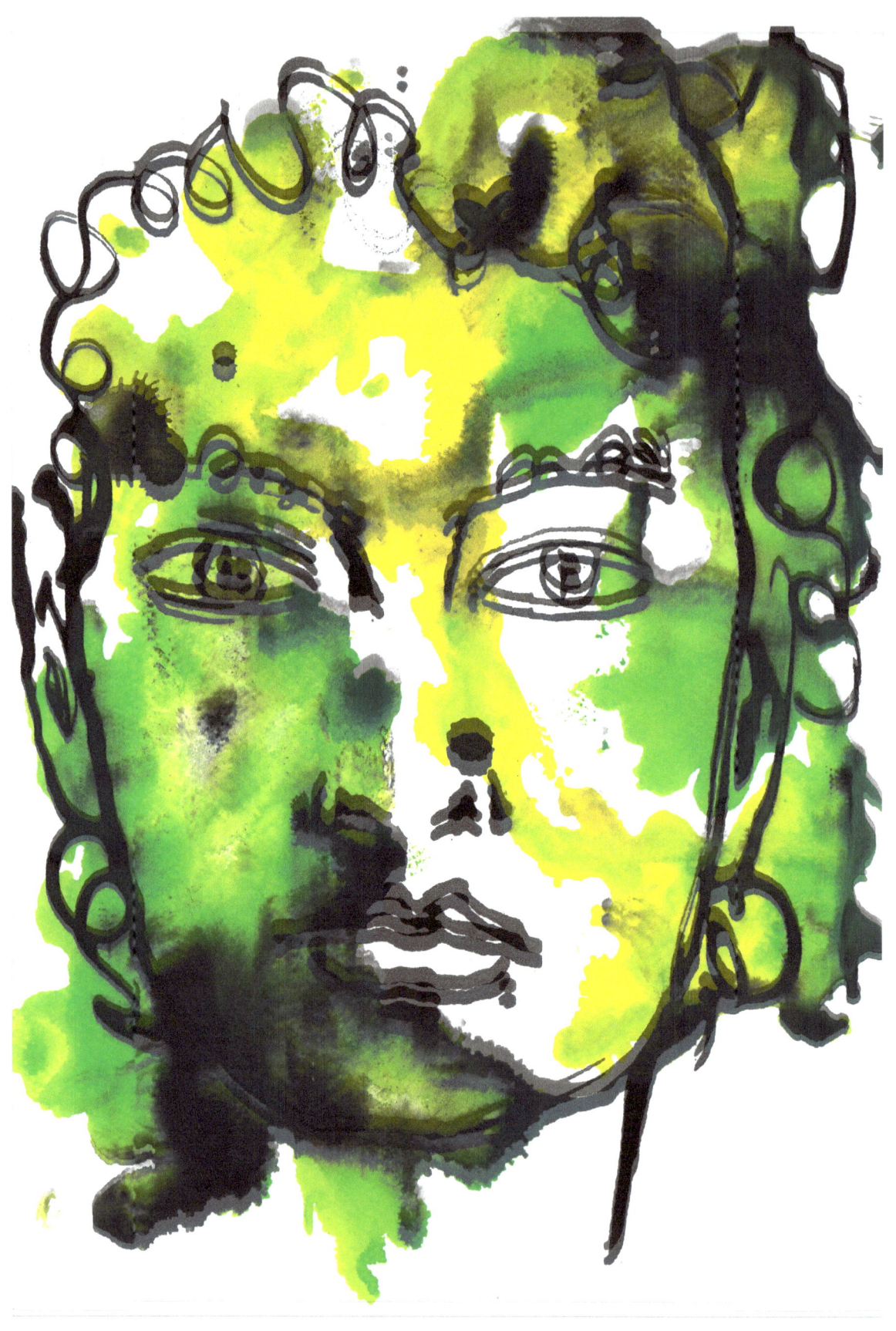

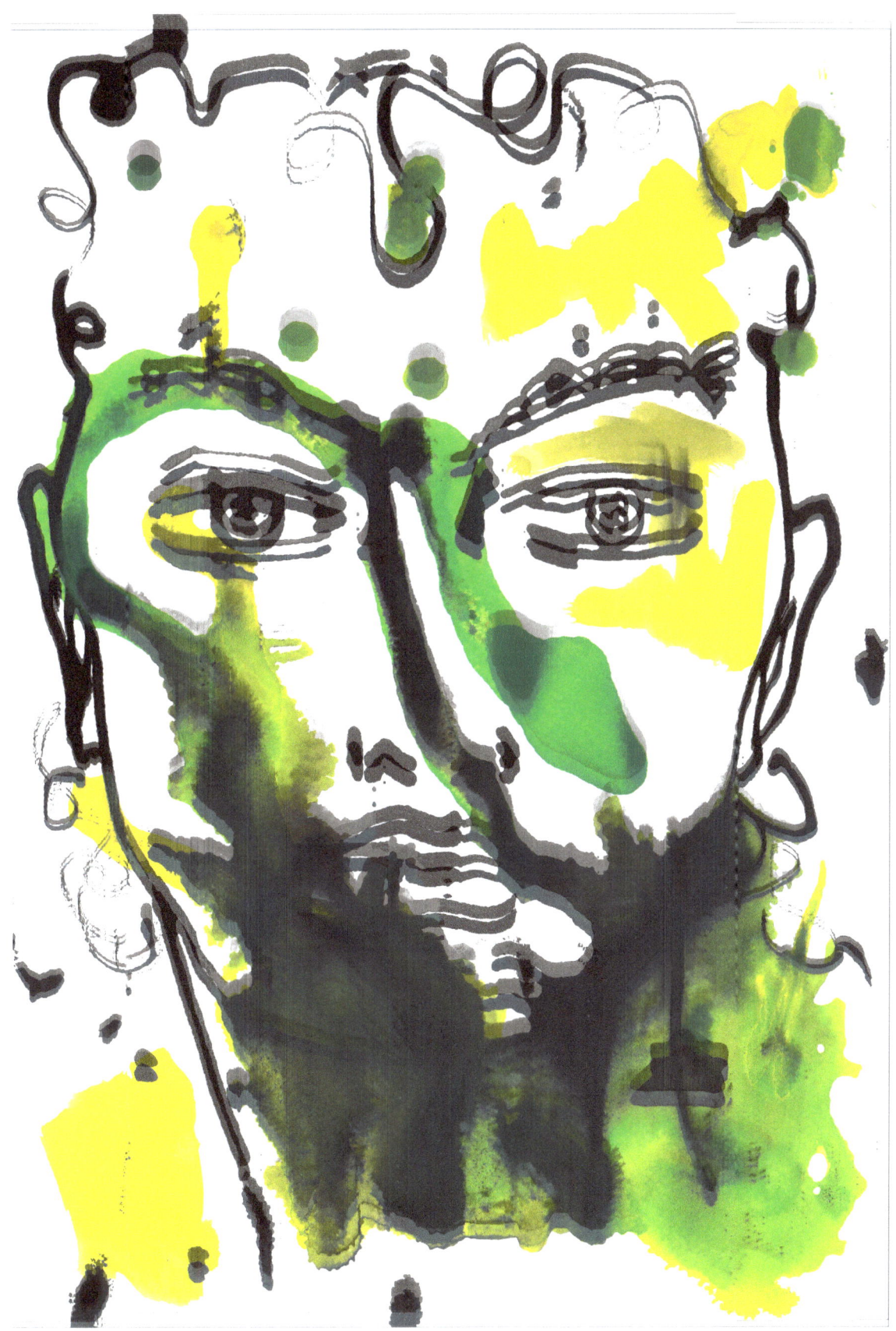

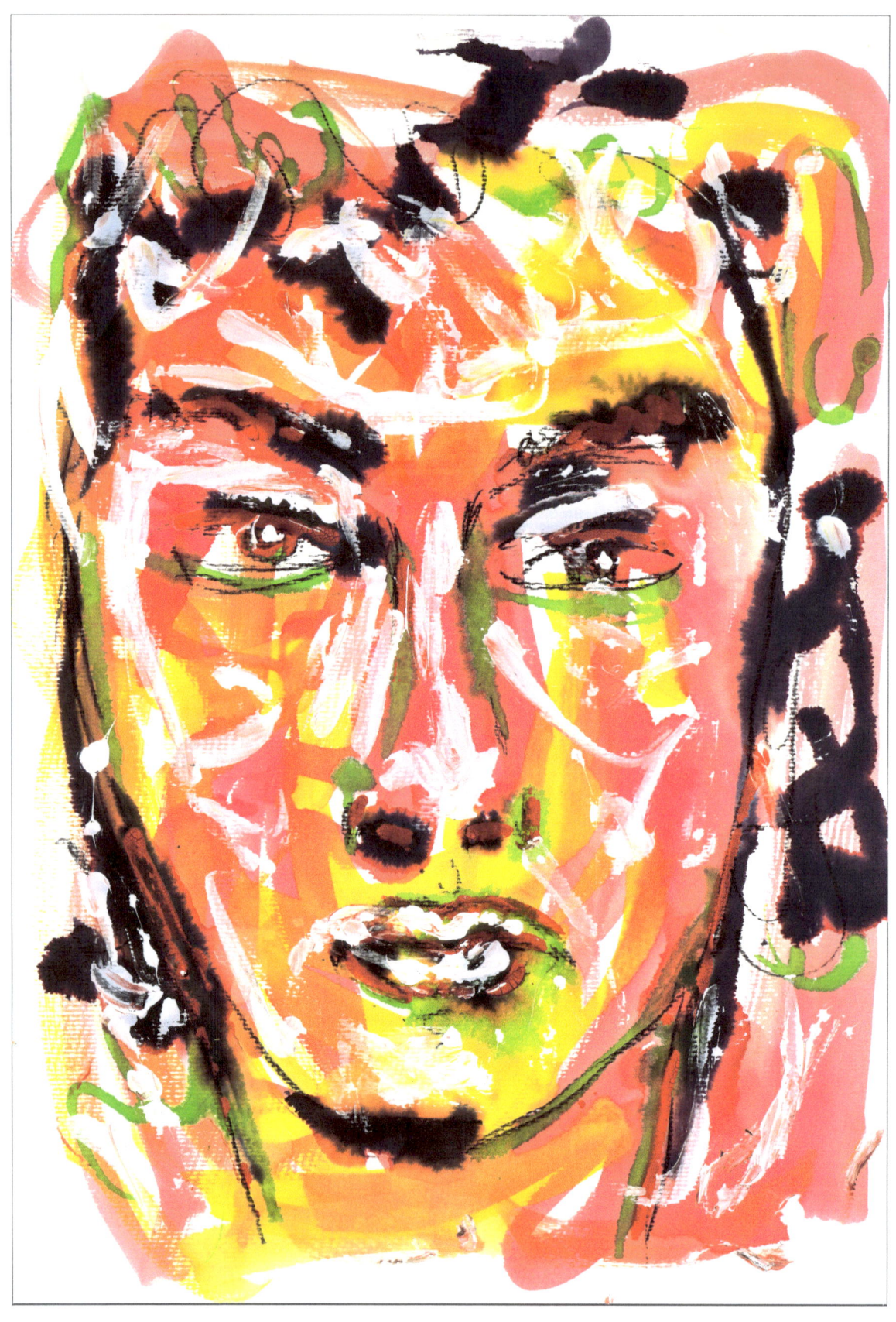

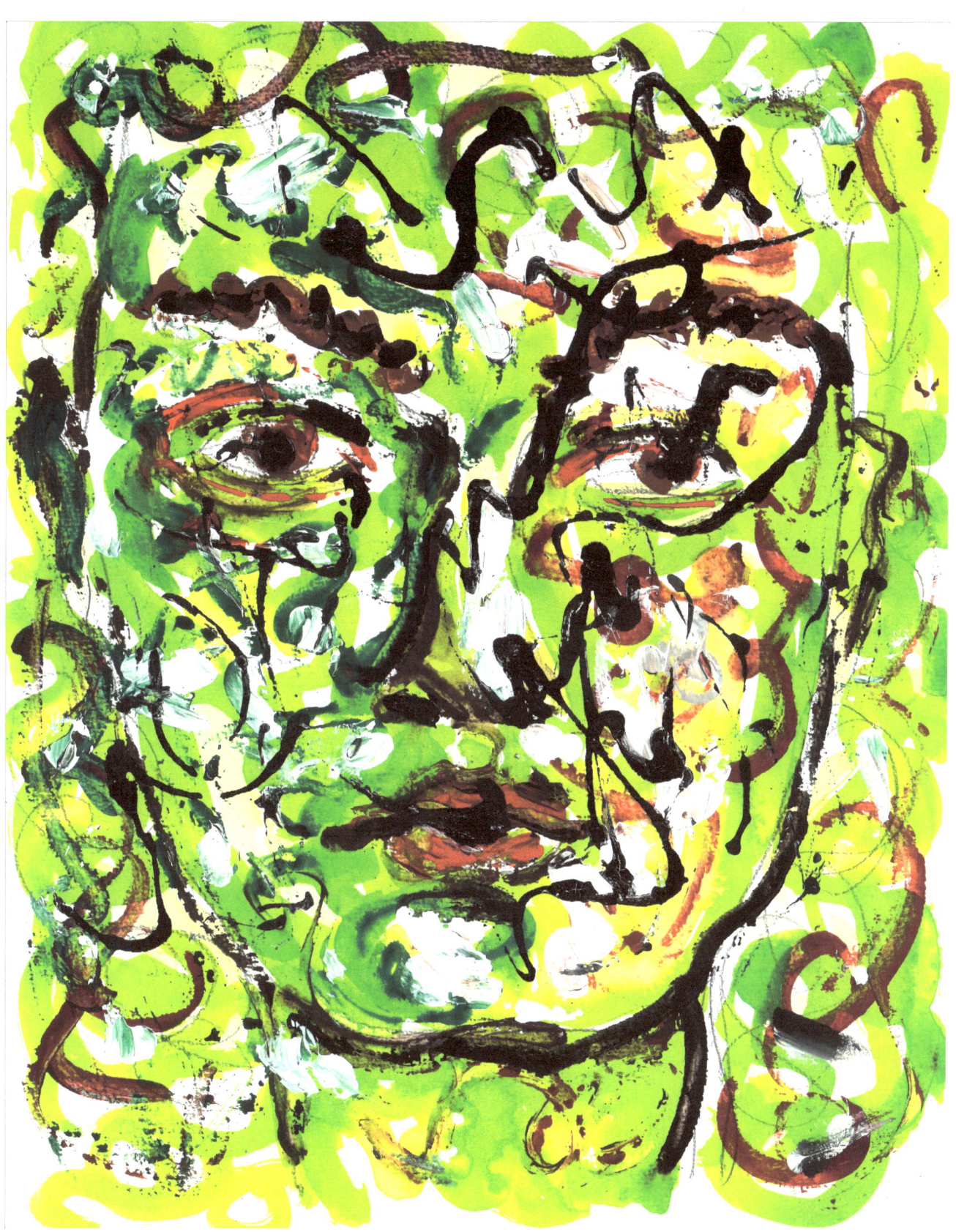

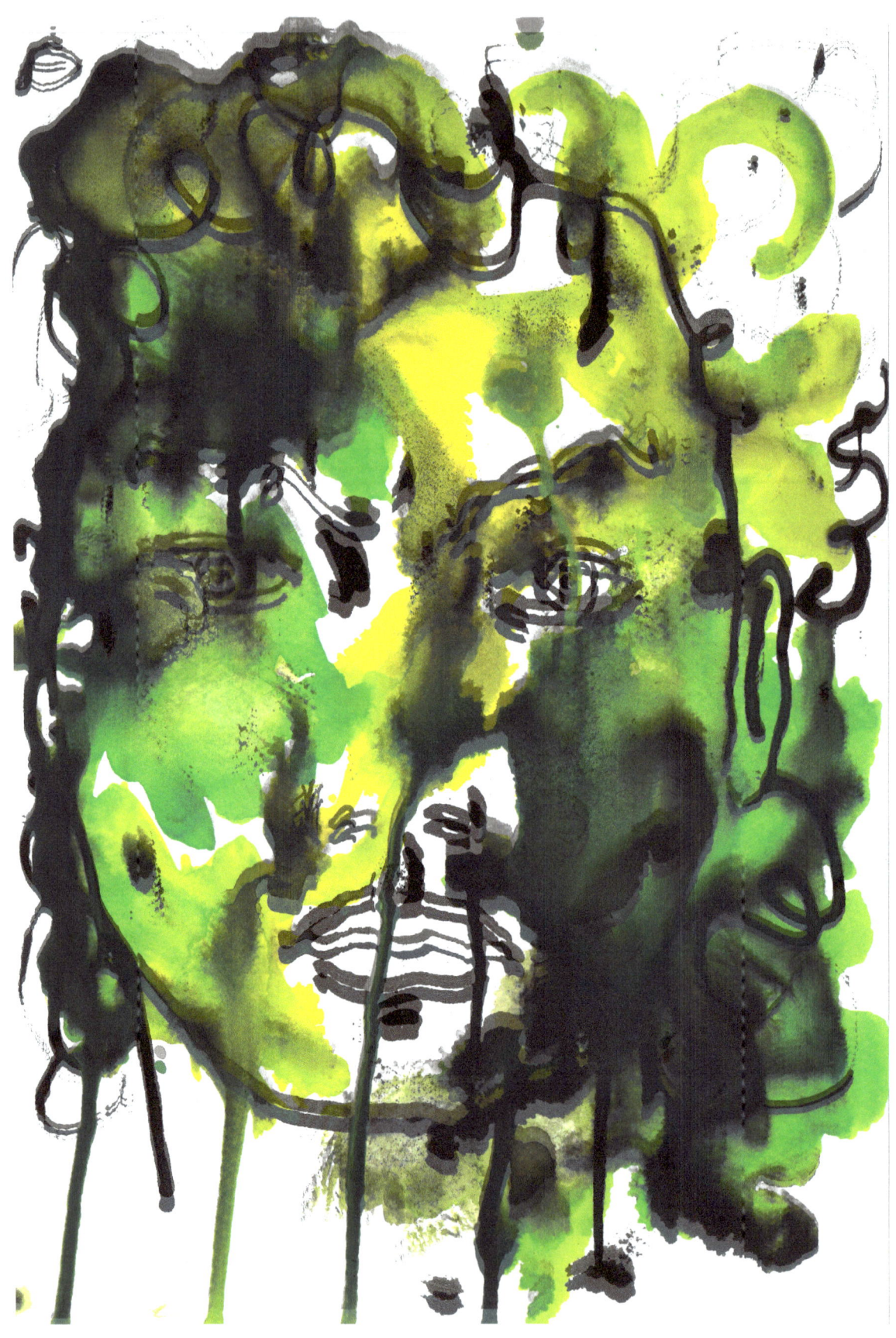

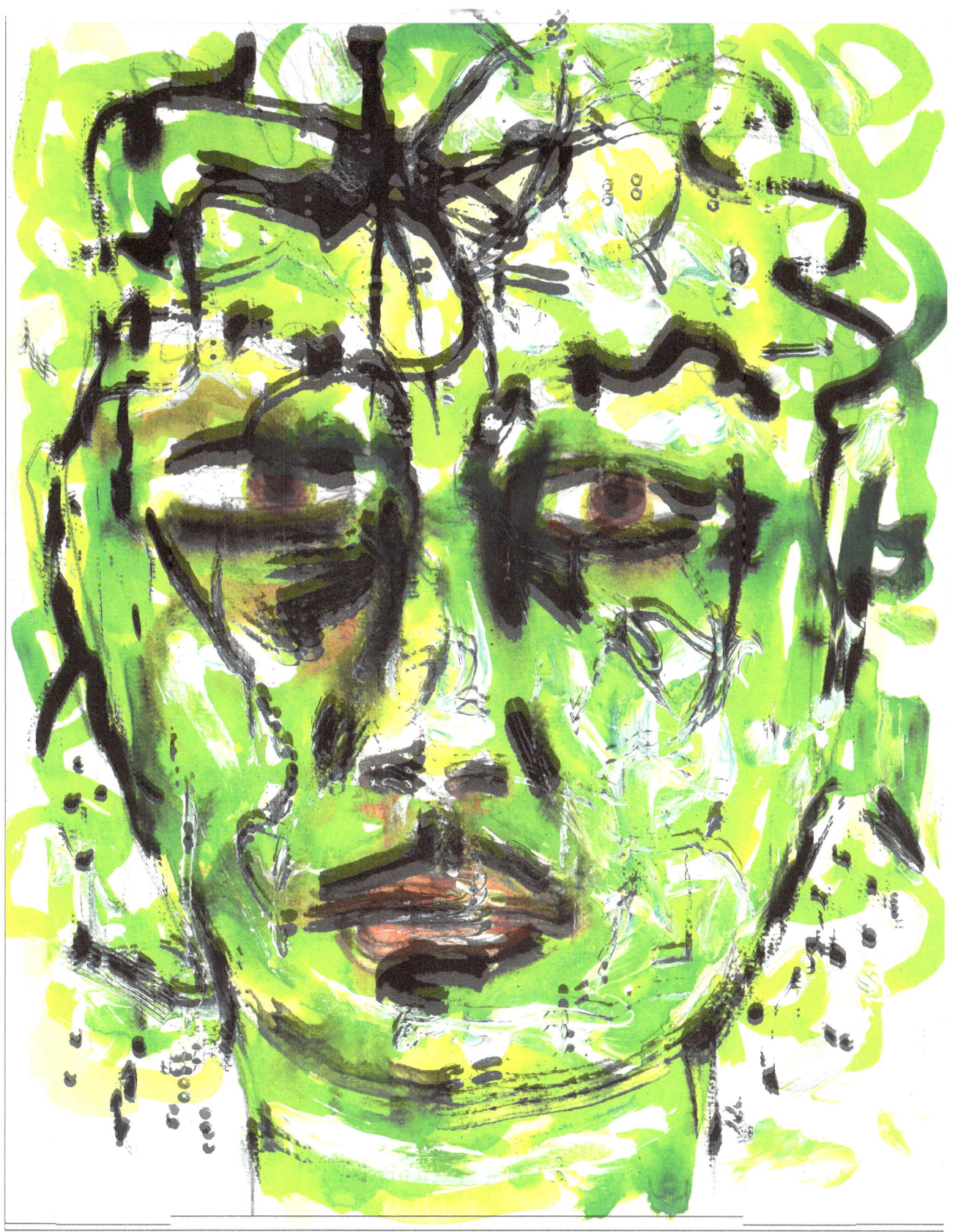

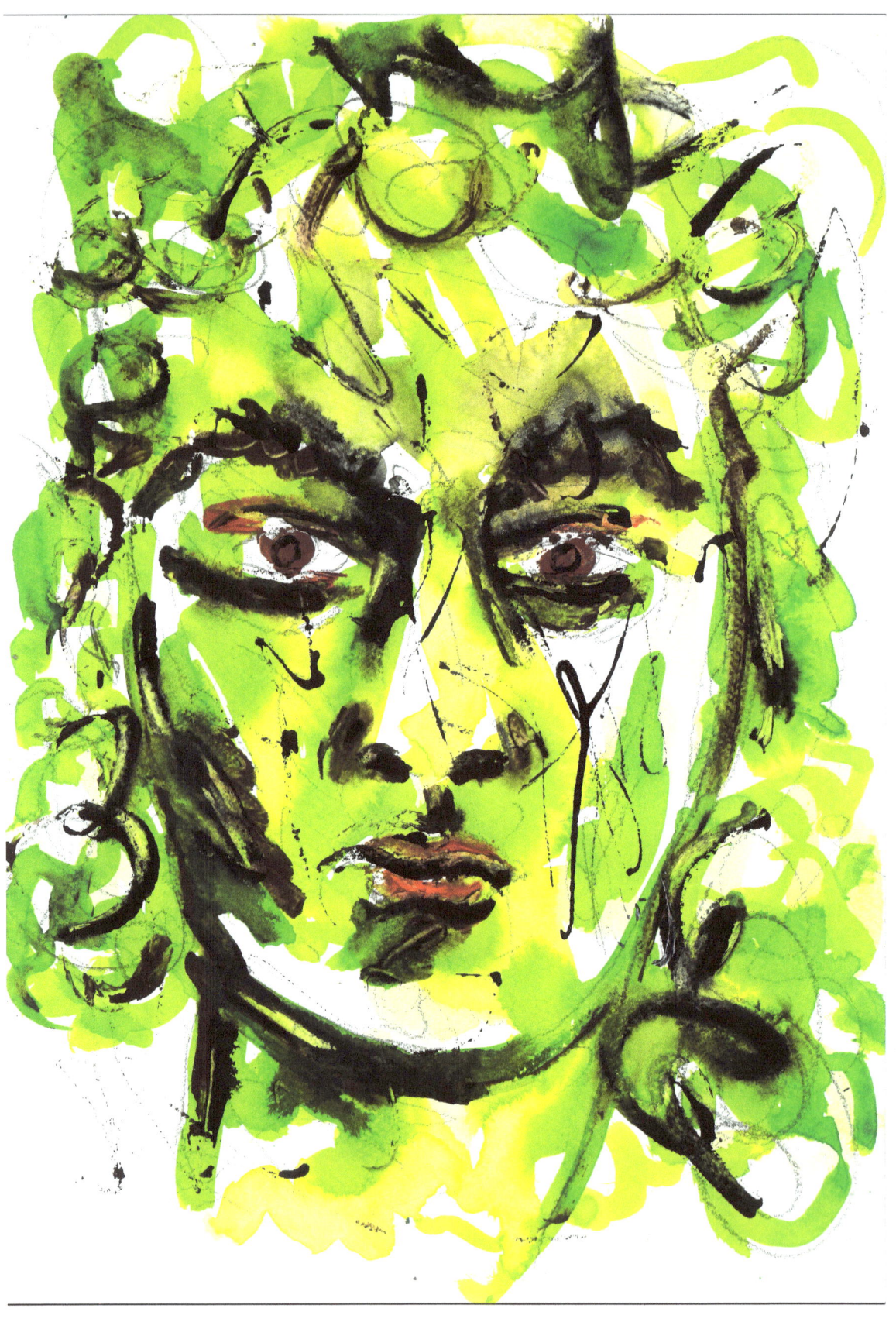

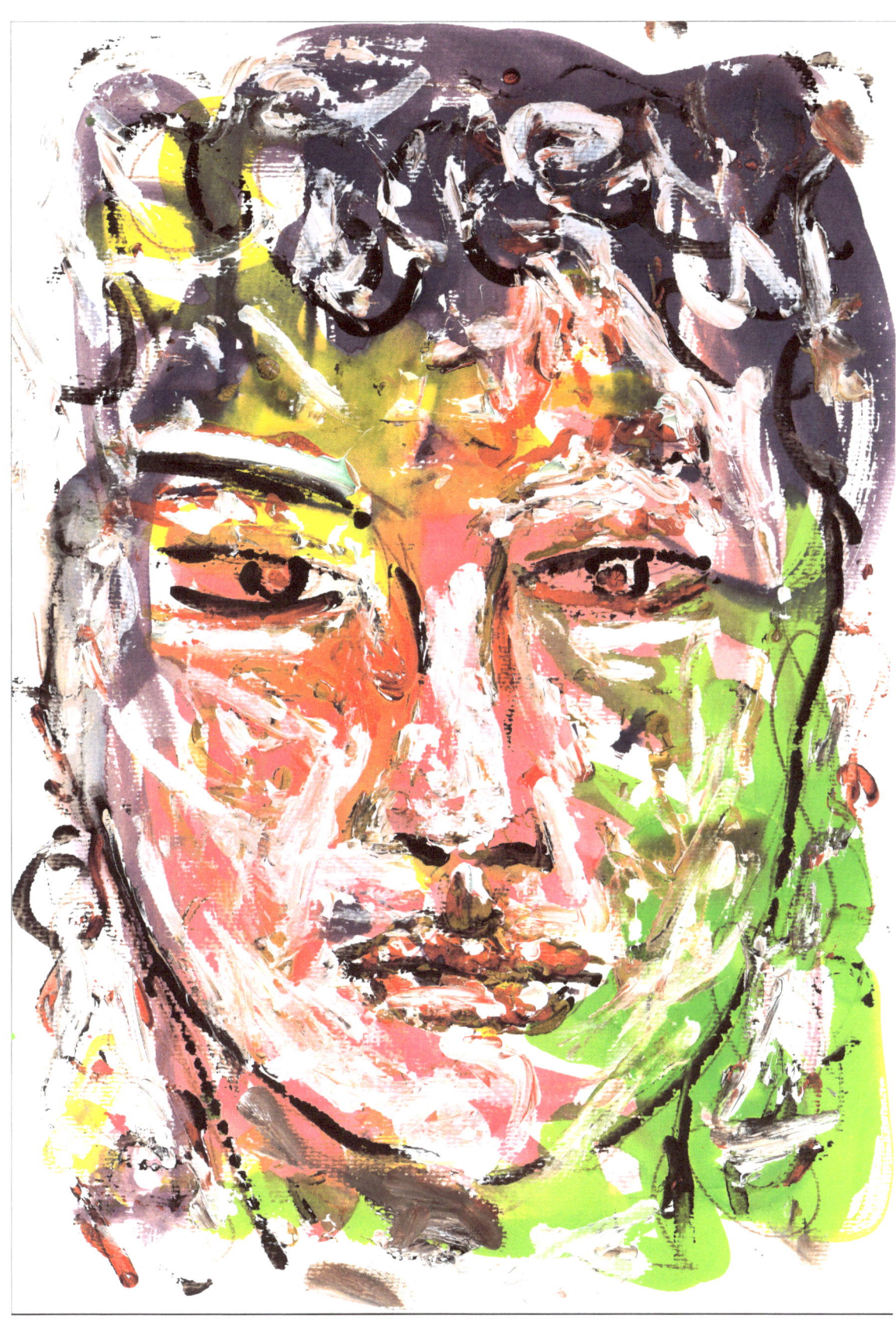

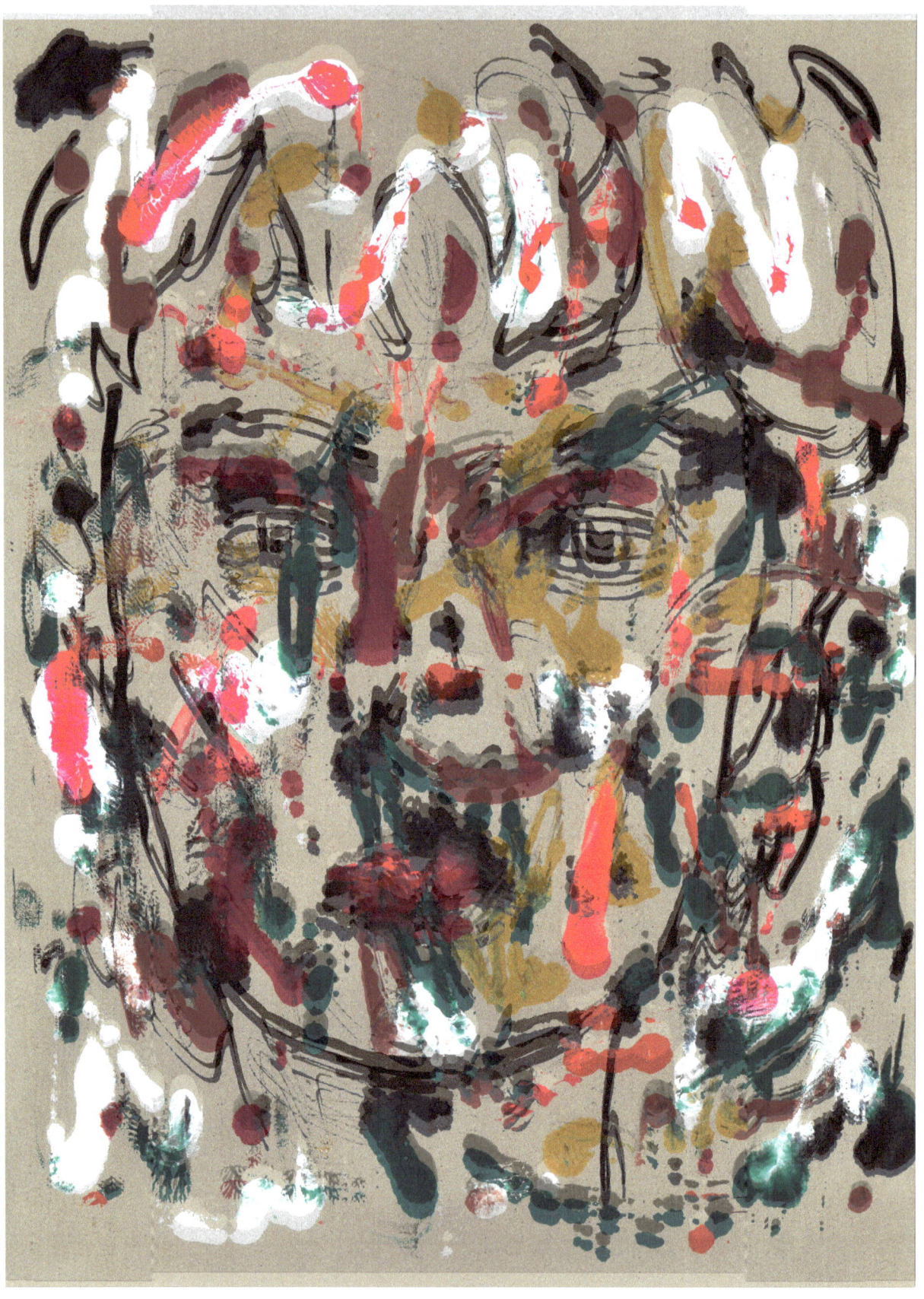

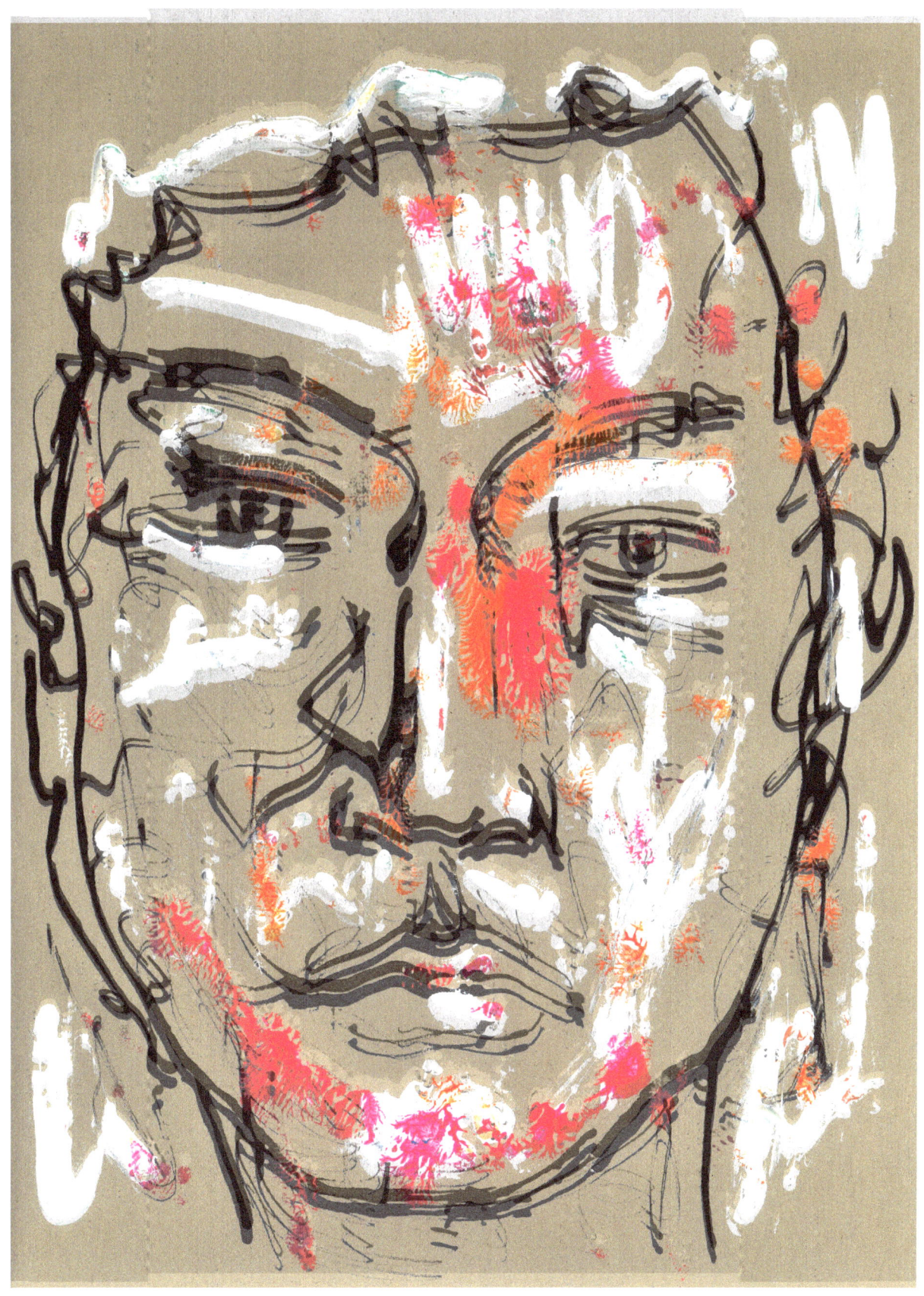

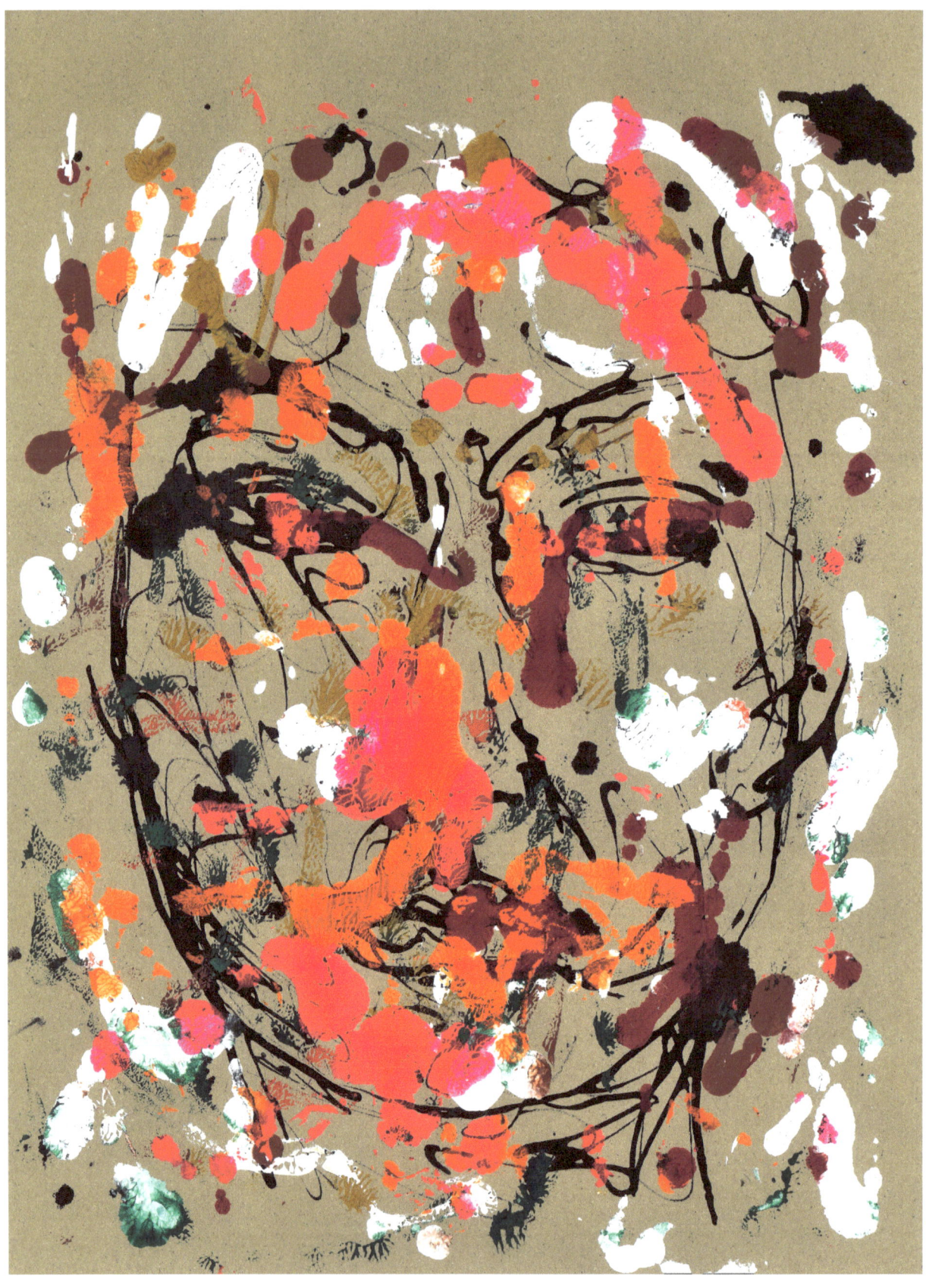

ALLE RECHTE VORBEHALTEN

Copyright:

für die Werke von Alessandro Chiodo:
© VG Bild-Kunst, Bonn, 2019

ISBN 9781690794653

Mehr über den Autor erfahren Sie hier:
alessandro-chiodo.de

www.ingramcontent.com/pod-product-compliance
Lightning Source LLC
Chambersburg PA
CBHW051929210526
45473CB00006B/2185